T0194552

Gerechter Frieden

Reihe herausgegeben von
I.-J. Werkner, Heidelberg, Deutschland
S. Jäger, Heidelberg, Deutschland

„Si vis pacem para pacem" (Wenn du den Frieden willst, bereite den Frieden vor.) – unter dieser Maxime steht das Leitbild des gerechten Friedens, das in Deutschland, aber auch in großen Teilen der ökumenischen Bewegung weltweit als friedensethischer Konsens gelten kann. Damit verbunden ist ein Perspektivenwechsel: Nicht mehr der Krieg, sondern der Frieden steht im Fokus des neuen Konzeptes. Dennoch bleibt die Frage nach der Anwendung von Waffengewalt auch für den gerechten Frieden virulent, gilt diese nach wie vor als Ultima Ratio. Das Paradigma des gerechten Friedens einschließlich der rechtserhaltenden Gewalt steht auch im Mittelpunkt der Friedensdenkschrift der Evangelischen Kirche in Deutschland (EKD) von 2007. Seitdem hat sich die politische Weltlage erheblich verändert; es stellen sich neue friedens- und sicherheitspolitische Anforderungen. Zudem fordern qualitativ neuartige Entwicklungen wie autonome Waffensysteme im Bereich der Rüstung oder auch der Cyberwar als eine neue Form der Kriegsführung die Friedensethik heraus. Damit ergibt sich die Notwendigkeit, Analysen fortzuführen, sie um neue Problemlagen zu erweitern sowie Konkretionen vorzunehmen. Im Rahmen eines dreijährigen Konsultationsprozesses, der vom Rat der EKD und der Evangelischen Friedensarbeit unterstützt und von der Evangelischen Seelsorge in der Bundeswehr gefördert wird, stellen sich vier interdisziplinär zusammengesetzte Arbeitsgruppen dieser Aufgabe. Die Reihe präsentiert die Ergebnisse dieses Prozesses. Sie behandelt Grundsatzfragen (I), Fragen zur Gewalt (II), Frieden und Recht (III) sowie politisch-ethische Herausforderungen (IV).

Weitere Bände in der Reihe http://www.springer.com/series/15668

Ines-Jacqueline Werkner · Peter Rudolf
(Hrsg.)

Rechtserhaltende Gewalt – zur Kriteriologie

Fragen zur Gewalt · Band 3

Hrsg.
Ines-Jacqueline Werkner
Forschungsstätte der Evangelischen
Studiengemeinschaft
Heidelberg, Deutschland

Peter Rudolf
Stiftung Wissenschaft und Politik
Berlin, Deutschland

Gerechter Frieden
ISBN 978-3-658-22945-0   ISBN 978-3-658-22946-7   (eBook)
https://doi.org/10.1007/978-3-658-22946-7

Die Deutsche Nationalbibliothek verzeichnet diese Publikation in der Deutschen
Nationalbibliografie; detaillierte bibliografische Daten sind im Internet über
http://dnb.d-nb.de abrufbar.

Springer VS
© Springer Fachmedien Wiesbaden GmbH, ein Teil von Springer Nature 2019

Verantwortlich im Verlag: Jan Treibel

Springer VS ist ein Imprint der eingetragenen Gesellschaft Springer Fachmedien
Wiesbaden GmbH und ist ein Teil von Springer Nature
Die Anschrift der Gesellschaft ist: Abraham-Lincoln-Str. 46, 65189 Wiesbaden, Germany

Inhalt

Die Prüfkriterien rechtserhaltender Gewalt.
Eine Einführung 1
Ines-Jacqueline Werkner

Vom gerechten Krieg zum legitimen Zwang.
Rechtsethische Überlegungen zu den Bedingungen
politischer Ordnung im 21. Jahrhundert 13
Christopher Daase

Die *ultima ratio* im Spiegel der Friedensdenkschrift
und des badischen Friedensprozesses 33
Vincenzo Petracca

Das Dogma von der Ethik des Gewaltverzichts.
Eine Replik zu Vincenzo Petracca 59
Wolfgang Schulenberg

Reflexionen zur ethischen Debatte um das *ius in bello*
in der Gegenwart 75
Bernhard Koch

Ius post bellum, ius ex bello, ius ad vim... –
notwendige Erweiterungen einer Ethik
rechtserhaltender Gewalt? 101
Peter Rudolf

Politische Sanktionen
im Lichte rechtserhaltender Gewalt 121
Sascha Werthes

Kriterien legitimen rechtserhaltenden Zwangs –
eine Synthese 151
Peter Rudolf

Autorinnen und Autoren 165

Die Prüfkriterien rechtserhaltender Gewalt
Eine Einführung

Ines-Jacqueline Werkner

1   Einleitung

Der gerechte Frieden als ein noch junges Konzept in der christlichen Friedensethik stellt eine Alternative zu etablierten friedensethischen Ansätzen dar. Insbesondere grenzt er sich von der Lehre vom gerechten Krieg (*bellum iustum*) ab. So ist der gerechte Frieden von seiner Entstehungsgeschichte her auch nicht in Abgrenzung zu anderen Friedensbegriffen entstanden, sondern in bewusster Entgegensetzung zum gerechten Krieg. In kirchlichen Dokumenten reicht das von Formulierungen der Ökumenischen Versammlung (1989, Ziff. 36):

> „Mit der notwendigen Überwindung der Institution des Krieges kommt auch die Lehre vom gerechten Krieg, durch welche die Kirchen den Krieg zu humanisieren hofften, an ein Ende. Daher muss schon jetzt eine Lehre vom gerechten Frieden entwickelt werden […]"

über die Friedensdenkschrift der Evangelischen Kirche in Deutschland (EKD):

© Springer Fachmedien Wiesbaden GmbH, ein Teil von Springer Nature 2019
I.-J. Werkner und P. Rudolf (Hrsg.), *Rechtserhaltende Gewalt – zur Kriteriologie*, Gerechter Frieden, https://doi.org/10.1007/978-3-658-22946-7_1

„Im Rahmen des Leitbilds vom gerechten Frieden hat die Lehre vom *bellum iustum* keinen Platz mehr" (EKD 2007, Ziff. 102).

bis hin zum ökumenischen Aufruf zum gerechten Frieden, wonach „der Geist, die Logik und die Durchführung von Kriegen" überwunden werden müsse und dadurch die Lehre vom gerechten Krieg „obsolet" werde (ÖRK 2011a, Ziff. 58). Da einige Kirchen gerade im angloamerikanischen Raum bis heute noch an der *bellum iustum*-Lehre festhalten und diese Formulierung nicht mittrugen, entstand im Weltkirchenrat die Kompromissformel: „[Wir] gehen über die Lehre vom gerechten Krieg hinaus und bekennen uns zum gerechten Frieden" (ÖRK 2011b, S. 4).

Was beinhaltet nun aber die Lehre vom gerechten Krieg? Was hat sie – gerade in hiesigen Debatten – derart in Verruf gebracht? Und was zeichnet das Leitbild des gerechten Friedens gegenüber dieser *bellum iustum*-Lehre aus?

2   Zu den Kriterien des gerechten Krieges

Mit der Lehre vom gerechten Krieg, die auf eine über zweitausendjährige Tradition zurückblicken kann, wurden und werden Maßstäbe zur Bewertung von Kriegen entwickelt.[1] Dabei differenziert die Lehre zwischen dem Recht zum Kriegführen (*ius ad bellum*) und der rechtmäßigen Kriegsführung (*ius in bello*).

Das *ius ad bellum* beinhaltet sechs Kriterien:

---

1   Zur historischen Genese der *bellum iustum*-Lehre vgl. u. a. Kleemeier (2003) und Gašparević (2010). Einen aktuellen und zugleich detaillierten Überblick über die einzelnen Entwicklungsphasen und Repräsentanten der *bellum iustum*-Lehre geben das Handbuch Friedensethik (Werkner und Ebeling 2017, Teil II Abschn. 1) sowie der Band von Brunstetter und Driscoll (2017).

- Das Kriterium der *legitimen Autorität* schränkt den Kreis der zur Kriegsführung Berechtigten ein, insbesondere verbannte er ihn aus dem Bereich des Privaten. Im Laufe der Entwicklung und in Abhängigkeit von der jeweiligen Form der politischen Herrschaft reichte diese vom Fürsten im Mittelalter über den souveränen Staat im Westfälischen System bis hin zu den Vereinten Nationen und dem UN-Sicherheitsrat seit dem Ende des Zweiten Weltkrieges.
- Das zweite Kriterium, der *gerechte Grund*, beabsichtigt, die Zwecke und Ziele von Kriegen zu begrenzen. In der Geschichte der Lehre vom gerechten Krieg lassen sich vier Gründe ausmachen: die Verteidigung, der Schutz des Nächsten, die Strafe sowie der Heilige Krieg (vgl. Gašparević 2010, S. 34). In gegenwärtigen Debatten gelten insbesondere die Verteidigung und Nothilfe (d. h. die Verteidigung Dritter gegen massive Menschenrechtsverletzungen) als legitime Gründe militärischer Gewaltanwendung. Dabei existieren restriktive, aber auch permissive Argumentationslinien. Bereits der Begriff der Verteidigung lässt verschiedene Interpretationen zu; das zeigt sich unter anderem an Diskussionen um die Legitimität präventiver (vorbeugende Selbstverteidigung) und präemptiver Einsätze (zur Abwehr einer unmittelbaren Bedrohung). Und auch hinsichtlich der humanitär begründeten militärischen Interventionen im Sinne der Nothilfe und Schutzverantwortung gibt es verschiedene Argumentationen, je nachdem, ob eher partikularistische oder kosmopolitische Positionen eingenommen werden.
- Das Kriterium der *rechten Absicht* ist stärker subjektiver Natur. Nach Augustinus – und diese Argumentation hat bis heute Gültigkeit – dürfe ein Krieg nicht aus Rachsucht, Habgier, Herrschsucht oder Lust an Grausamkeit geführt werden, sondern allein, um Frieden zu schaffen. Schwer auszuschließen bleibt

allerdings, dass rechte Intentionen propagiert, zugleich aber andere Gründe entscheidungsrelevant werden.

- Krieg darf nur als *letztes Mittel* geführt werden. Dabei ist die *ultima ratio* nicht zwingend zeitlich, sondern materiell zu verstehen. Das heißt, militärische Gewalt darf erst angewandt werden, wenn alle anderen Mittel und Methoden der Streitschlichtung erfolglos geblieben sind beziehungsweise keinen Erfolg versprechen.

- Zudem muss *Aussicht auf Erfolg* bestehen. Krieg darf nicht zum Selbstzweck werden. Es geht nicht um den Sieg über die gegnerische Partei, sondern um die reale Chance der Erreichung der beabsichtigten Ziele. Dabei ist auch der Begriff des Erfolgs mehrdeutig, kann er die politische Zielsetzung, aber auch den konkreten militärischen Auftrag zum Bezugspunkt haben.

- Schließlich muss das Kriterium der *Verhältnismäßigkeit der Folgen* gelten. Krieg darf nur das kleinere von zwei Übeln darstellen. So besteht die Pflicht, bereits vor Kriegsbeginn seine objektiven Nutzen und Schäden zu kalkulieren.

Das *ius in bello* umfasst zwei Kriterien:

- Zum einen ist die *Verhältnismäßigkeit der Mittel* zu wahren. Damit soll die Kriegsführung humanisiert werden. Es dürfen nur militärische Mittel verwendet und militärische Strategien angewandt werden, die der anderen Partei – Soldaten wie Zivilisten – nicht unnötige Schäden zufügen. Vor diesem Hintergrund gilt eine Kriegsführung mit Massenvernichtungswaffen stets als nicht gerechtfertigt.

- Zum anderen muss in der Kriegsführung *zwischen Kombattanten und Nicht-Kombattanten unterschieden werden*. Zivilisten dürfen nicht das Ziel militärischer Operationen sein. Das schließt allerdings nichtintendierte Tötungen, bei denen

Zivilisten zwar nicht Ziel militärischer Aktionen sind, aber zu Opfern werden, nicht aus.

In jüngster Zeit haben angloamerikanische Vertreter der *bellum iustum*-Lehre eine dritte Kategorie eingeführt: das Recht nach dem Krieg (*ius post bellum*). Hier werden Kriterien aufgestellt, die nach einer militärischen Intervention zu einem gerechten Frieden führen sollen. Dabei sei ein *Status quo ante bellum* zu wenig, da genau dieser Zustand die militärische Gewalt ausgelöst habe. So müssten weitere Kriterien zum Tragen kommen, die allerdings noch wenig systematisiert sind. In diesem Kontext werden beispielsweise Aspekte diskutiert wie die Notwendigkeit der Bestrafung der politischen Führer, die den Angriff begannen, Reparationen für die Opfer des Angriffs, eine legitime Autorität zur Verkündung der Friedensvereinbarungen, die Verhältnismäßigkeit des Rechts, wonach keinem Volk ein Recht von außen aufgezwungen werden darf, oder auch eine lokale Legitimität (beispielsweise Walzer 2004, S. 19f.).[2]

Dieser nur kursorische Überblick zeigt zweierlei auf: Zum einen verfolgte die Lehre vom gerechten Krieg – entgegen mancher Kritik – nie das Ziel, Kriege zu legitimieren und Herrscher in ihrem kriegerischen Tun zu bestärken, sondern durch das Insistieren auf bestimmte Kriterien – die alle in ihrer Gesamtheit erfüllt sein müssen (!) – dazu beizutragen, Kriege zu begrenzen und in ihrer Führung zu humanisieren. Dabei stellt der gerechte Krieg keine „ideale Theorie" dar; er war „nie als Leithorizont für politisch-gesellschaftliches Handeln gedacht" und sollte „(nur) der Identifikation legitimer Kriegsgründe und -formen dienen und

---

2 Zu den Kriterien der Lehre vom gerechten Krieg vgl. Rudolf (2014, 2017); darüber hinaus auch Haspel (2002); Mayer (2005, S. 7ff.) und May (2018).

durch den Ausschluss illegitimer Kriegsgründe und -formen die Anlässe für militärisches Einschreiten einschränken" (Oberdorfer 2018, S. 10). In diesem Sinne lässt sich der gerechte Krieg auch nicht in positiver Konnotierung fassen, sondern nur als *gerechtfertigter* Krieg verstehen. Zum anderen sind seine Kriterien durch einen Interpretationsspielraum gekennzeichnet, der sich in konkreten Situationen als nicht unproblematisch erweist. So sind vielfach Kriege unter Missbrauch der Lehre in seinem Namen geführt worden.

3   Zu den Prüfkriterien des gerechten Friedens

Welche Einwände bringt nun die Friedensdenkschrift der EKD gegen die Lehre vom gerechten Krieg in Anschlag? Auch sie vertritt mit ihrem Konzept des gerechten Friedens keinen radikalen Pazifismus. So seien Situationen denkbar, in denen militärische Gewalt notwendig werden könnte. In diesen Fällen würden sich dann dieselben Fragen wie oben diskutiert – nach dem hinreichenden Grund, der Legitimierung des Einsatzes, der Zielsetzung etc. – stellen. Vor diesem Hintergrund konstatiert die Denkschrift:

> „Nicht gegen die Kriterien dieser Art als solche, wohl aber gegen die überkommenen Rahmentheorien des gerechten Kriegs, in die sie eingefügt waren, bestehen prinzipielle Einwände. Denn die Theorien des *bellum iustum* entstammen politischen Kontextbedingungen, in denen es eine rechtlich institutionalisierte Instanz zur transnationalen Rechtsdurchsetzung ebenso wenig gab wie eine generelle Ächtung des Krieges" (EKD 2007, Ziff. 99).

In der Folge führt die EKD die für sie weiterhin gültigen Kriterien der *bellum iustum*-Lehre explizit auf: Erlaubnisgrund, Autorisierung, richtige Absicht, äußerstes Mittel, Verhältnismäßigkeit der

Folgen, Verhältnismäßigkeit der Mittel, Unterscheidungsprinzip.[3] Dieses Vorgehen ist zumindest aus zwei Gründen nicht widerspruchsfrei: Zum einen kann auch die Friedensdenkschrift einem möglichen Missbrauch nicht entgehen; dieser ist – wie bei der *bellum iustum*-Lehre – vor allem den verschiedenen Interpretationsmöglichkeiten der Kriterien sowie dem nur selektiven Rückbezug auf diese geschuldet. Zum anderen erweist sich die Loslösung der Kriterien von der Tradition, der sie entstammen, als nicht unproblematisch. Das verstärkt die Tendenz, Fortentwicklungen im Rahmen der *bellum iustum*-Lehre häufig nicht wahrzunehmen. Und auch der in diesem Kontext erhobene Vorwurf, das moderne Völkerrecht habe die Lehre vom gerechten Krieg aufgehoben (vgl. EKD 2007, Ziff. 102), lässt sich kritisch hinterfragen, verbindet sich damit zugleich die These, das Recht mache ethische Betrachtungen überflüssig. Mit dieser Sichtweise besteht jedoch die Gefahr, das Recht zum Dogma zu erheben. Selbst wenn Ethik sich auf das Recht bezieht, ist auch umgekehrt das Recht zu seiner Absicherung und Fortentwicklung auf ethische Diskurse verwiesen. Ethik fungiert in diesem Sinne auch als kritisches Korrektiv.[4] Ausgehend von der rechtserhaltenden Gewalt fragt auch der Ethiker Reiner Anselm (2018, S. 55) kritisch an, ob sich die EKD nicht „etwas zu wortreich" von der Lehre vom gerechten Krieg verabschiedet habe. Und der Theologe Bernd Oberdorfer (2018, S. 17) plädiert in diesem Zusammenhang dafür, im Hinblick auf die ethische Bewertung militärischer Zwangsmaßnahmen der Lehre vom gerechten Krieg im Konzept des gerechten Friedens eine begrenzte, untergeordnete Rolle einzuräumen.

---

3 Interessanterweise fehlt in der Übernahme der Kriterien der Lehre vom gerechten Krieg hier das Kriterium der Aussicht auf Erfolg.

4 Zu diesen und weiteren Einwänden gegen die *bellum iustum*-Lehre und deren Verteidigung vgl. Mayer (2005) sowie Haspel (2009, S. 73ff.).

4   Zu diesem Band

Angesichts dieses Befundes macht sich der Band zur Aufgabe, über die Begründung der rechtserhaltenden Gewalt und ihrer Prüfkriterien neu nachzudenken. Zudem bedürfen die Kriterien – in Kenntnisnahme der derzeitigen angloamerikanischen Debattenlage – einer situationsspezifischen Konkretion. Hier werden aktuelle politische Konstellationen, veränderte Formen der Kriegsführung, aber auch notwendige Erweiterungen mit einbezogen.

Vorab stellt der Band grundsätzliche Anfragen an den Terminus der rechtserhaltenden Gewalt. In seinen rechtsethischen Überlegungen zu den Bedingungen politischer Ordnung im 21. Jahrhundert plädiert *Christopher Daase* für eine neue Begrifflichkeit: Statt von legitimer Gewalt zu sprechen, müsse gegenwärtig eher von Formen legitimen Zwangs ausgegangen werden. So gehe es in Institutionen wie im internationalen Recht nicht mehr vorrangig um die Durchsetzung von Normen mit Gewalt, sondern vielmehr um die Stärkung ihrer Verbindlichkeit durch die Androhung von Sanktionen und damit um Zwangsbewährung. Gewalt ist auf diese Weise zwar nicht verbannt; als eine unter vielen Zwangsformen kommt sie wieder zur Geltung, allerdings in einer „rechtlich nobilitierten Form".

Die folgenden Beiträge widmen sich den Prüfkriterien rechtserhaltender Gewalt beziehungsweise – so der Terminus bei Peter Rudolf in seiner abschließenden Synthese in Anlehnung an die Ausführungen von Christopher Daase – „Kriterien legitimen rechtserhaltenden Zwangs". Zunächst steht das zentrale und vielleicht auch umstrittenste Prüfkriterium – die *ultima ratio* – im Fokus der Betrachtung, hängt von der Beantwortung dieser Frage nichts Geringeres als die grundsätzliche friedensethische Neuausrichtung der EKD ab. Vor dem Hintergrund aktueller innerkirchlicher Kontroversen kommen Vertreter des pazifistisch orientierten

Friedensprozesses in der badischen Landeskirche zu Wort (Beitrag von *Vincenzo Petracca*), aber auch Inhaber des staatlichen Gewaltmonopols (Replik von *Wolfgang Schulenberg*).

Bernhard Koch reflektiert in Aufnahme des anglo-amerikanischen Diskurses die aktuelle ethische Debatte um das *ius in bello*. Während das gegenwärtige *ius in bello*, in kodifizierter Form verankert im humanitären Völkerrecht, ein Recht der Staaten darstellt, werden angesichts neuer Formen des Krieges, insbesondere der zunehmenden Bedeutung von asymmetrischen Kriegen, neue fundamentale normative Betrachtungen notwendig.

Peter Rudolf wendet sich in seinem Beitrag potenziell notwendigen Erweiterungen einer Ethik rechtserhaltender Gewalt zu. Speziell geht es ihm um die Frage, inwieweit und auf welche Weise die in den letzten Jahren in die Debatte eingebrachten Erweiterungen – *ius post bellum, ius ex bello, ius ad vim* – über die traditionellen Prinzipien und Kriterien hinaus auch im Rahmen der rechtserhaltenden Gewalt im Kontext des gerechten Friedens aufgenommen werden können beziehungsweise auch sollten.

Im Anschluss reflektiert *Sascha Werthes* politische Sanktionen im Lichte der Prüfkriterien rechtserhaltender Gewalt. Dabei diskutiert er die Anwendbarkeit der Prüfkriterien auf politische Sanktionen, die Sanktionspraxis der Vereinten Nationen und damit verbundene ethische Herausforderungen. Im Ergebnis seiner Betrachtungen plädiert er für eine Erweiterung um das prozessuale Kriterium der politischen Klugheit im Sinne einer „Orientierung an einer Verfahrensgerechtigkeit und Modifikations- beziehungsweise Innovationsbereitschaft im Kontext der ständig zu leistenden Verbesserung der Sanktionspraxis".

In einer abschließenden Synthese nimmt *Peter Rudolf* noch einmal die zentralen Argumentationslinien und Begründungsmuster der vorliegenden Texte auf. In Reflexion der Elemente einer Theorie legitimen Zwangs (legitime Zwecke, Bedingungen eines legitimen Einsatzes und Prinzipien für die Art des Einsatzes) gelangt er zu dem Schluss, in der ethischen Bewertung von militärischen wie nichtmilitärischen Zwangsmaßnahmen auf die *bellum iustum*-Tradition verwiesen zu sein, können ihre Kriterien, indem sie ein „deontologische und konsequentialistische Elemente verbindendes Bezugssystem" bieten, moralistischen und legalistischen Verengungen von Debatten entgegenwirken.

Literatur

Anselm, Reiner. 2018. Kategorien ethischen Urteilens im Konzept des gerechten Friedens. In *Gerechter Frieden als Orientierungswissen*, hrsg. von Ines-Jacqueline Werkner und Christina Schües, 49–65. 2. Aufl. Wiesbaden: Springer VS.

Brunstetter, Daniel R. und Cian O' Driscoll (Hrsg.). 2017. *Just War Thinkers: From Cicero to the 21st Century*. London: Routledge.

Evangelische Kirche in Baden (EKiBa) (Hrsg.) (2013): „Richte unsere Füße auf den Weg des Friedens" – ein Diskussionsbeitrag aus der Evangelischen Landeskirche in Baden. Karlsruhe: EKiBa.

Evangelische Kirche in Deutschland (EKD). 2007. *Aus Gottes Frieden leben – für gerechten Frieden sorgen. Eine Denkschrift des Rates der Evangelischen Kirche in Deutschland*. Gütersloh: Gütersloher Verlagshaus.

Gašparević, Matija. 2010. *Die Lehre vom gerechten Krieg und die Risiken des 21. Jahrhunderts*. Dissertation der Philosophie an der Ludwig-Maximilians-Universität München. https://edoc.ub.uni-muenchen.de/15885/1/Gasparevic_Matija.pdf. Zugegriffen: 23. August 2017.

Haspel, Michael. 2002. *Friedensethik und Humanitäre Intervention. Der Kosovo-Krieg als Herausforderung evangelischer Friedensethik*. Neukirchen-Vlyn: Neukirchener.

Haspel, Michael. 2009. Zwischen Internationalem Recht und partikularer Moral? Systematische Probleme der Kriteriendiskussion der neueren *Just War*-Theorie. In *Gerechter Krieg – gerechter Frieden. Religionen und friedensethische Legitimationen in aktuellen militärischen Konflikten*, hrsg. von Ines-Jacqueline Werkner und Antonius Liedhegener, 71–81. Wiesbaden: VS Verlag für Sozialwissenschaften.

Kaldor, Mary. 2000. *Neue und alte Kriege*. Frankfurt a. M.: Suhrkamp.

Kleemeier, Ulrike. 2003. Krieg, Recht, Gerechtigkeit – Eine ideengeschichtliche Skizze. In *Gerechter Krieg. Ideengeschichte, rechtsphilosophische und ethische Beiträge*, hrsg. von Dieter Janssen und Michael Quante, 11–28. Paderborn: Mentis.

May, Larry (Hrsg.). 2018. *The Cambridge Handbook of the Just War*. Cambridge: Cambridge University Press.

Mayer, Peter. 2005. *Die Lehre vom gerechten Krieg – obsolet oder unverzichtbar?* Bremen: InIIS.

Münkler, Herfried. 2002. *Die neuen Kriege*. Reinbek bei Hamburg: Rowohlt.

Oberdorfer, Bernd. 2018. Gerechtigkeit für eine Theorie. Zur Funktion der Lehre vom gerechten Krieg im Rahmen des gerechten Friedens. In *Rechtserhaltende Gewalt – eine ethische Verortung*, hrsg. von Ines-Jacqueline Werkner und Torsten Meireis, 9–19. Wiesbaden: Springer VS.

Ökumenischer Rat der Kirchen. 2011a. *Ein ökumenischer Aufruf zum gerechten Frieden*. Kingston/Jamaika: ÖRK.

Ökumenischer Rat der Kirchen. 2011b. *Botschaft der Internationalen ökumenischen Friedenskonvokation*. Kingston/Jamaika: ÖRK.

Ökumenische Versammlung für Gerechtigkeit, Frieden und Bewahrung der Schöpfung. 1989. Umkehr zu Gerechtigkeit, Frieden und Bewahrung der Schöpfung. Grundlegung, http://oikoumene.net/home/regional/dresden/dmd.4/index.html. Zugegriffen: 23. August 2017.

Rudolf, Peter. 2014. *Zur Ethik militärischer Gewalt*. SWP-Studie. Berlin: SWP.

Rudolf, Peter. 2017. *Zur Legitimität militärischer Gewalt*. Bonn: Bundeszentrale für politische Bildung.

Walzer, Michael. 2004. *Eine Einschätzung des Krieges*. Berlin: Heinrich-Böll-Stiftung.

Werkner, Ines-Jacqueline und Klaus Ebeling (Hrsg.). 2017. *Handbuch Friedensethik*. Wiesbaden: Springer VS.

Vom gerechten Krieg
zum legitimen Zwang
Rechtsethische Überlegungen zu den Bedingungen politischer Ordnung im 21. Jahrhundert

Christopher Daase

1   Einleitung

Rechtsethik stellt die Frage nach der Gerechtigkeit des Rechts, oder genauer: nach der „ethischen Bedeutung modernen positiven Rechts" (Ellscheid 1989, S. 134) und reflektiert damit die normativen Grundlagen internationaler Ordnung. Denn auf dem Recht gründet ein Großteil der Hoffnungen, Krieg und Gewalt in der Welt zu überwinden und gerechten Frieden dauerhaft zu gewährleisten. Aber das Recht im internationalen System ist schwach, seine Geltung umstritten und seine Durchsetzung defizitär. Was kann angesichts dieser Situation internationale politische Ordnung überhaupt heißen, wie kann sie gerechtfertigt und wie durchgesetzt werden?

Diese Fragen verschärfen sich in Situationen, in denen gravierende Veränderungen im Konfliktgeschehen zu beobachten sind: Bürgerkriege, Terrorismus, die Verbreitung von Massenvernichtungswaffen und massive Fluchtbewegungen stellen Herausforderungen dar, von denen manche Beobachter sagen, dass sie im Rahmen geltenden Rechts nicht länger bewältigt werden können. Das gleiche gilt für normative Entwicklungen: Zur Wahrung der

© Springer Fachmedien Wiesbaden GmbH, ein Teil von Springer Nature 2019
I.-J. Werner und P. Rudolf (Hrsg.), *Rechtserhaltende Gewalt – zur Kriteriologie*, Gerechter Frieden, https://doi.org/10.1007/978-3-658-22946-7_2

Menschenrechte und „menschlicher Sicherheit", zur Durchsetzung der Schutzverantwortung und nicht zuletzt zur Verbreitung der Demokratie müssen nach Ansicht mancher Beobachter Maßnahmen ergriffen werden, die das klassische Völkerrecht sprengen oder grundsätzlich verändern.

Es sind also politische *und* normative Entwicklungen gleichermaßen, die als Ursachen für die gegenwärtige Krise der institutionellen Ordnung anzusehen sind. Die Fluchtbewegung aus dem Nahen Osten ist das Eine, die mehr oder weniger wahrgenommene Verantwortung für das Leid Dritter das Andere, was zur gegenwärtigen Krise der Europäischen Union geführt hat. Der internationale Terrorismus ist das Eine, die Rechtfertigung illegaler Maßnahmen im „war against terror" das Andere, was das internationale Recht untergräbt. Die Vielzahl humanitärer Katastrophen ist das Eine, das ausgreifende Reklamieren institutioneller Zuständigkeit das Andere, was die Vereinten Nationen an den Rand ihrer Funktionsfähigkeit bringt.

Die gegenwärtige Zuspitzung der institutionellen Krise internationaler Politik macht eine grundsätzliche Neuorientierung – oder zumindest eine Neu-Vergewisserung – der normativen Grundlagen internationaler Ordnung notwendig. Dabei muss meines Erachtens der Begriff des *legitimen Zwangs* – und nicht wie früher der Begriff der legitimen Gewalt – im Zentrum stehen, denn in vielen Institutionen wie auch im internationalen Recht geht es nicht in erster Linie um die Durchsetzung von Normen *mit Gewalt*, sondern um die Stärkung ihrer Verbindlichkeit durch Androhung von Sanktionen, also um *Zwangsbewährung* (Möllers 2015).[1] Die Frage, inwiefern Zwang in diesem Sinne (also als le-

---

1 Dabei soll unter Zwang der Versuch verstanden werden, unter Androhung von Kosten Einschränkungen von Freiheit zum Zwecke der Durchsetzung politischer Ziele durchzusetzen.

gitime Form der Androhung von Kosten zum Zweck politischer Steuerung) im internationalen System denkbar und wünschbar ist, führt an den Anfang des letzten Jahrhunderts zurück, als sich drei rechtsethische Positionen herauskristallisierten, die, so meine Behauptung, noch immer unser Denken prägen. Der historische Exkurs ist sinnvoll, weil ich glaube, dass die damalige Diskussion zugespitzter, aber auch präziser geführt wurde als heute, wo häufig – sei es aus politischer Rücksichtnahme oder aus Kurzsichtigkeit – die Konsequenzen theoretischer Argumente verschleiert und die Tragweite politischer Vorschläge verkannt werden.

Ich möchte deshalb mit einer einfachen Typologie beginnen, die, wie alle Typologien eine gewisse Vereinfachung darstellt, die aber die rechtsethischen Positionen zur Frage des legitimen Zwangs in der internationalen Politik gut zusammenfasst. In einem zweiten Schritt werde ich ausführen, von wem und auf welche Weise diese Positionen im aktuellen Diskurs vertreten werden und welche normativen und praktischen Probleme sich dabei ergeben. Abschließend werde ich aufzeigen, wie die Differenz von Legitimität und Legalität Raum für politische und rechtliche Innovation schafft und welche rechtsethische Bedeutung diesem Raum im Hinblick auf die Theoretisierung legitimen Zwangs zukommt.

2 Drei Grundpositionen der internationalen Rechtsethik

Anfang des 20. Jahrhunderts – oder genauer: unter dem Eindruck des Ersten Weltkrieges – war die entscheidende politische, philosophische und rechtliche Frage, ob und wie die Institution des Krieges endgültig überwunden werden solle. Drei Positionen schälten sich dabei heraus: eine pazifistische, eine realistische und

eine liberale Position.[2] Ich will diese Positionen anhand dreier
Referenz-Theoretiker kurz skizzieren, nämlich mit Hans Wehberg,
Carl Schmitt und Hans Kelsen, um die politischen Alternativen
deutlicher zu akzentuieren.

Hans Wehberg, 1885 in Düsseldorf geboren, gilt als einer der
Begründer der pazifistischen Völkerrechtslehre. In seiner 1930
erschienenen Vorlesung über „Die Aechtung des Krieges" plädiert
Wehberg für das rechtliche Verbot des Krieges. Auch das Recht
zum Verteidigungskrieg müsse so weit wie möglich eingeschränkt
werden. Allerdings macht sich Wehberg keine Illusionen: Das reine
Verbot des Krieges werde allein noch nicht zum Verschwinden
des Krieges führen. Notwendig seien alternative rechtsbasierte
Streitschlichtungsverfahren und eine starke Zentralgewalt, die
Sanktionen notfalls auch militärisch durchsetzen könne. Mit dieser
rechtspazifistischen Position unterscheidet sich Wehberg von *radikalen* Pazifisten, die auf jegliche Zwangsmittel glauben verzichten
zu können. Die Chance zur Überwindung des Krieges sieht er in
der rechtlich gestützten Monopolisierung von Zwangsgewalt bei
einer internationalen Organisation.

Carl Schmitt vertritt eine radikale Gegenposition. Schmitt,
1888 in Plettenberg geboren, ist berühmt-berüchtigt für seine
Kritik an der Weimarer Republik und seine Unterstützung des
Nationalsozialismus. Gleichwohl gilt er bis heute als einer der
schärfsten, aber auch klügsten Kritiker liberalen Denkens, sei es im
Verfassungsrecht oder im internationalen Recht. In seiner Schrift
„Die Wendung zum diskriminierenden Kriegsbegriff" von 1937
wendet sich Schmitt gegen Tendenzen im Völkerrechtsdenken,

---

2   Die Benennung ist letztlich willkürlich und nicht wertend zu verste-
     hen. Die realistische könnte auch als konservative Position bezeichnet
     werden, die liberale als progressive usw. Ich halte mich hier an die
     konventionelle Sprachregelung der Disziplin der Internationalen
     Beziehungen.

den Krieg zu verbieten und ihn damit nur noch für *eine* Seite, nämlich für die, die für sich in Anspruch nimmt, die internationale Gemeinschaft zu vertreten, für legitim zu erklären. Nicht zu Unrecht sieht Schmitt die internationale Politik an einem Scheidepunkt und vor die Frage gestellt, wie zukünftig mit dem Recht zum Krieg umgegangen werden soll. Der Völkerbund, so kritisiert Schmitt, habe einen fatalen Weg eingeschlagen, indem er das klassische Recht zum Krieg, das jedem souveränen Staate zukomme, einschränke und stattdessen ein vages Zwangs- und Sanktionsrecht eingeführt habe. Das Verbot des Krieges und die Monopolisierung militärischer Gewalt implizierten die Rückkehr der Unterscheidung „guter" und „schlechter" Kriege, „legitimer" und „illegitimer" Feinde, „gerechter" und „ungerechter" Kriegführung. Die Folge, so Schmitt, wäre eine doppelte: Zum einen werden die Gegner in Sanktionskriegen zu Kriminellen, Gangstern und Piraten und verlieren tendenziell alle Rechte als Kriegspartei und Kombattanten; zum anderen wird das klassische Neutralitätsrecht aufgehoben, weil es angesichts eines Friedensbrechers keine Unparteilichkeit geben kann (Schmitt 2005 [1937], S. 546f.). Beides führe, so Schmitts Prognose, zu einer „Intensivierung von Krieg und Feindschaft" und zu einer „immer tieferen und schärferen, immer ,totaleren' Unterscheidung von Freund und Feind" (Schmitt 2005 [1937], S. 562). Die gute Intention der Abschaffung des Krieges hätte damit genau ihr Gegenteil erreicht.

Hans Kelsen ist der dritte Rechtstheoretiker, den ich nennen möchte, und er steht – wie Wehberg für den Pazifismus und Schmitt für den Realismus – paradigmatisch für den Liberalismus. 1881 in Prag geboren, gilt Kelsen als Begründer des (kritischen) Rechtspositivismus, der eine Rechtswissenschaft ohne Letztbegründung von Gerechtigkeitsprinzipien beabsichtigt. Als ein der Sozialdemokratie nahestehender Wissenschaftler stand Kelsen zwar dem Völkerbund und der Idee eines normativen Kosmopolitismus nahe. Aber wie Schmitt kritisierte er den Versuch, den Krieg mit Hilfe des Briand-Kellog-Paktes zu verbieten. Er schreibt in ähnlichen Worten wie Schmitt:

> „Das Kriegsverbot des Briand-Kellogg-Pakts hat versucht, die Funktion des Krieges als dezentraler Sanktionsmöglichkeit abzuschaffen, ohne aber diese durch effektive zentralisierte Sanktionsmöglichkeiten zu ersetzen" (Kelsen 1932, S. 586).

Allerdings zieht er radikal andere Konsequenzen. Kelsen war ein vehementer Befürworter des modernen Völkerrechts. Aber für ihn ist das Völkerrecht „schwaches Recht", unfertig und erst im Werden. In seiner „Reinen Rechtslehre" von 1934 sagt er, dass das Ziel der Rechtsentwicklung die organisatorische Einheit einer universalen Weltrechtsgemeinschaft sei, also die Entwicklung eines Weltstaates. Allerdings sei es blauäugig so zu tun, als gäbe es diesen Zustand schon, oder als könne er mit einem einfachen Vertrag hergestellt werden. Solange dem Weltstaat das zentrale Gewaltmonopol fehle, müsse die Exekutivgewalt delegiert werden, also dezentral durch die Aktivitäten der Einzelstaaten ersetzt werden. In seinem 1944 erschienenen Buch „Peace Through Law" kommt Kelsen zu dem Ergebnis, dass der „Krieg gegen den Krieg" notwendig sei. Dabei scheut er die Rückkehr zur Theorie des „gerechten Krieges" nicht, die Schmitt so fürchtet und schreibt:

> „Nur wenn man im Krieg, ganz ebenso wie in der Repressalie, die Reaktion des Rechts gegen das Unrecht sieht, kann man in ihm den Ansatzpunkt zu einer Entwicklung erkennen, die ihn allmählich aus einem Mittel der Selbsthilfe zu einem Zwangsakt zentraler Rechtsschutzorgane verwandeln wird" (Kelsen 1932, S. 594).

Der gerechte Krieg ist so gesehen gleichsam im Vorgriff auf das zu etablierende Gewaltmonopol nicht nur legitim, sondern auch legal.

3   Die Debatte heute

Mit Wehberg, Schmitt und Kelsen sind die paradigmatischen rechtsethischen Positionen der Zwischenkriegszeit – Pazifismus, Realismus und Liberalismus – gut beschrieben. Dabei kann man nicht sagen, dass sich *eine* dieser Positionen durchgesetzt hätte oder ganz auf der Strecke geblieben wäre. Klar ist, dass im Zweiten Weltkrieg zunächst der Pazifismus gescheitert zu sein schien. Allerdings lebte er in den Vereinten Nationen zumindest formal wieder auf, indem in der UN-Charta ein noch weitgehenderes Kriegs- und Gewaltverbot als im Völkerbund oder im Briand-Kellog-Pakt verankert wurde. Gleichwohl setzte sich im Kalten Krieg eine realistische Praxis internationaler Politik durch, nicht zuletzt gestützt auf die Kompromisse, die bei der Abfassung der Charta gemacht wurden und die ein individuelles und kollektives Selbstverteidigungsrecht festschrieben. Dadurch wurde der Legitimierung des Krieges und der Ausweitung legaler Gründe zum Krieg Tür und Tor geöffnet (vgl. Hurd 2017). Nach dem Ende des Kalten Krieges erstand die Idee einer „Neuen Weltordnung" aufs Neue und der Krieg gegen den Irak 1990/91 war der Auftakt einer Entwicklung, die zunächst ein gestärktes Gewaltmonopol im Sinne des Rechtspazifismus zu verheißen schien. Es wurde aber recht bald deutlich, dass die Einmütigkeit im Sicherheitsrat nicht von langer Dauer sein würde, und so wurden folgende Kriege (etwa im Kosovo 1999 oder im Irak 2003) ohne Mandat des Sicherheitsrates, aber immer unter Berufung auf „gerechte Gründe" – also unter Rückgriff auf die Lehre des gerechten Krieges – geführt.

Es ist verblüffend, wie sich die alten Debatten in der Diskussion um die neuen Kriege wiederfinden. Die pazifistische (genauer: rechtspazifistische) Position hat sich vielleicht am reinsten erhalten. Idealtypisch wird sie von der Evangelischen Kirche in Deutschland (EKD) vertreten, die einen gerechten Frieden als die Verwirklichung des „international vereinbarten Rechtszustands" (EKD 2007, Ziff. 85) versteht und dabei ganz auf die Vereinten Nationen als Garantin einer kollektiven Friedensordnung setzt. So klar diese Position ist, so sehr fragt sich jedoch, was zu tun ist, wenn, wie so häufig, der Sicherheitsrat blockiert ist und eine Entscheidung nicht fällen, oder eine gefällte Entscheidung nicht durchsetzen kann. Ist dann jede Form von Gewalt illegal und illegitim, wie die Denkschrift nahelegt?

Das würde eine liberale Position, wie sie heute zum Beispiel von der amerikanischen Völkerrechtlerin Ann-Marie Slaughter (1995) vertreten wird, verneinen. Für sie wie auch für den Moralphilosophen Allen Buchanan (2003) gibt es ein höheres Recht als das Völkerrecht, nämlich die Gerechtigkeit universaler Werte und Menschenrechte, die bei den Entscheidungen über Krieg und Frieden berücksichtigt werden müssen. Diese Werte erlauben es, unter Rückgriff auf die Prinzipien des gerechten Krieges militärische Mittel dann anzuwenden, wenn durch das Brechen des Völkerrechts höherrangigen Gerechtigkeitsprinzipien zum Durchbruch verholfen wird. Dabei wird genau wie bei Kelsen mit einem Argument *de lege ferenda* argumentiert, das den Rechtsbruch mit Vorgriff auf zukünftig zu schaffendes Recht heilt. Genau so wurde der Kosovokrieg von der deutschen Linken, nicht zuletzt von Jürgen Habermas (1999), gerechtfertigt.

Auch die dritte, die realistische Position lässt sich im aktuellen Diskurs wiederfinden, allerdings häufig in nicht ganz reiner Form (allenfalls bei Donald Trump). Aber überall dort, wo den hehren Zielen der kriegführenden Parteien Skepsis entgegengebracht wird, wo hinter der Schutzverantwortung nur Machtinteressen und hinter humanitärer Hilfe ökonomischer Eigennutz vermutet und argumentiert wird, man solle die Souveränität der Staaten unangetastet lassen und in ihre inneren Angelegenheiten auch dann nicht intervenieren, wenn schwere Menschenrechtsverletzungen stattfinden, sind realistische Argumente am Werk. „Wer Menschheit sagt, will betrügen", hatte Carl Schmitt (1932) gesagt und damit die radikale Skepsis gegenüber allen normativen Orientierungen zum Ausdruck gebracht, die über Staat und Volk hinausgehen. Es ist deshalb kein Zufall, dass die schärfste Kritik gegen den amerikanischen Interventionismus, etwa gegen den Irakkrieg 2003, von Seiten selbsterklärter Neorealisten kommt.

Pazifismus und Realismus sind sich in der Ablehnung des gerechten Krieges einig, wenn sie auch gelegentlich auf seine Prinzipien zurückgreifen. Aber die Vorstellung, dass ein Akteur für sich in Anspruch nehmen kann, in gerechtfertigter Weise militärische Gewalt anzuwenden, ist ihnen unerträglich: dem Pazifismus, weil militärische Gewalt nie wirklich gerechtfertigt sein kann, und dem Realismus, weil nicht eine Partei allein für sich Gerechtigkeit reklamieren kann. Der gerechte Krieg stellt sich damit heute als eine genuin liberale Idee dar, insofern er als Mittel nicht nur der Menschenrechtserhaltung, sondern zur Weiterentwicklung und Konstitutionalisierung des Völkerrechts verstanden wird und deshalb im „Vorgriff auf einen künftigen kosmopolitischen Zustand", wie Jürgen Habermas sagt, gerechtfertigt werden kann.

Wo stehen wir also? Das Problem ist, dass alle drei Positionen etwas für sich haben. Aber alle drei haben auch Probleme. Keine Position, so scheint mir, ist widerspruchsfrei und uneingeschränkt befürwortbar. Der Rechtspazifismus ist eine edle Gesinnung, aber er scheitert dort, wo das positive Recht noch schwach ist und keine verlässliche Grundlage für legitimen Zwang bietet. Aber sind wir bereit, angesichts schreiender Ungerechtigkeit auf das Recht zu pochen und zu behaupten, es gäbe uns keine hinreichende Handhabe? Der strenge Legalismus rechtspazifistischer Positionen verhindert unter Umständen nicht nur gerechtes Handeln, sondern auch eine Weiterentwicklung des Rechts und damit notwendige Schritte zur Überwindung des Krieges. Dem Realismus ist das

ganz recht, denn er glaubt nicht an ein internationales Gewaltmonopol und den legitimen Zwang eines Weltstaates. Auch er ist
konservativ mit Blick auf die Weiterentwicklung des Rechts, kann
für sich aber militärische Zurückhaltung und einen gesunden Sinn
für das politisch Machbare beanspruchen. Tatsächlich kann vor
allem der Liberalismus für sich in Anspruch nehmen, progressiv
in dem Sinne zu sein, dass er das Recht fortentwickelt, freilich um
den Preis des Rechtsbruchs und des Risikos der Schwächung des
Rechts. Denn es ist ja nicht ausgemacht, das vorgeblich „gerechte
Kriege" auch das Rechtsverständnis in der Weise verändern, dass
das, was legitim ist, auch legal wird, wie liberale Theoretiker gerne
behaupten.

Aber vielleicht ist das auch gar nicht so wichtig. Die Vorstellung
des Liberalismus, dass all das, was legitim ist, auch legal sein müsse,
ist meines Erachtens ebenso kurzschlüssig wie die Vorstellung des
Rechtspazifismus, dass nur das, was legal ist, auch legitim ist. Viel
wichtiger ist die Erkenntnis, dass Legalität und Legitimität zwei
unterschiedliche Dinge sind und die Distanz zwischen ihnen der
eigentliche Raum politischer Freiheit ist.

Zwar hat der Völkerrechtler Thomas Frank (2003, S. 211) recht,
wenn er sagt, „dass die Macht des positiven Rechts schwindet, wenn
die Kluft zwischen ihm und den allgemeinen Wertvorstellungen
– Gerechtigkeit, Moralität, Vernünftigkeit – zu breit wird". Es
ist aber genauso wahr, dass die Unterscheidung zwischen Moral
und Recht, Legalität und Legitimität eine wichtige Funktion in
der internationalen Politik erfüllt. Sie erlaubt ein hohes Maß an
Stabilität der normativen Struktur, verkörpert im internationalen
Recht. Gleichzeitig erlaubt sie aber auch Widerspruch, Widerstand
und Innovation. Die Rechtsethik gibt uns Argumente an die Hand,
unter welchen Bedingungen und mit welchen Gründen dieser
Raum für die Weiterentwicklung des Rechts genutzt werden kann
und genutzt werden sollte.

4 Zwang und Sanktionen

Der Fokus der rechtsethischen Diskussion auf legitime und legale Gewalt scheint mir allerdings zu kurz zu greifen. Denn alle großen Narrative über die Genese politischer Ordnung verweisen in ihrem Kern weniger auf Gewalt als auf Zwang als ihren Grund.[3] Ordnung antwortet auf Chaos und Gewalt, und sie tut dies, indem sie den Einzelnen entwaffnet, diszipliniert und *zwingt*, im Frieden und nach Regeln zusammenzuleben. Am deutlichsten wird dies in der Gestalt des Staates als Leviathan, der mit absoluter Macht den Einzelnen dazu bringt, den Naturzustand zu verlassen und Recht und Gerechtigkeit anzuerkennen. Deutlich wird im Bild vom Leviathan aber auch der ambivalente Charakter von Zwang. Er ist nicht nur Grund, sondern auch Abgrund politischer Ordnung. Denn dort wo Zwang jenseits von Recht und Vernunft eingesetzt wird, erlischt die Pflicht der Untertanen zur Rechtstreue und Widerstand gegen die nunmehr illegitime Ordnung ist gerechtfertigt.

Aber auch jenseits des Staates ist legitimer Zwang eine entscheidende Komponente politischer Ordnung. Auch wenn es keine zentrale Zwangsgewalt im internationalen System gibt, gibt es vielfältige Formen mehr oder weniger dezentralen Zwangs, etwa um Streitigkeiten zwischen Konfliktparteien mit robusten Friedensmissionen zu schlichten (*peacekeeping*), um die Einhaltung eingegangener Verabredungen zu überprüfen (Verifikation), um die Aufgabe friedensgefährdender Aktivitäten zu erreichen (Sanktionen), um dem „schwachen" internationalen Recht Geltung zu verschaffen (internationale Gerichtsbarkeit) oder um mit militärischen Mitteln Frieden und Sicherheit zu gewährleisten (Interventionen). Stärker

---

3 Vgl. zum Folgenden das neue Forschungsprogramm der Hessischen Stiftung Friedens- und Konfliktforschung (PRIF 2018).

noch als im Staat stellt sich im internationalen System die Frage nach Legalität, Legitimität und Effektivität dieses Zwangs.

Zwang wird häufig – in einem engen Verständnis – als die äußere Einwirkung auf einen Akteur unter Androhung oder Anwendung von Gewalt verstanden, um ein Verhalten zu erreichen, das andernfalls nicht zu erreichen wäre (vgl. Schelling 1966; Byman und Waxman 2002). Das auf Gewalt als Druckmittel fokussierende Konzept des Zwangs ist allerdings zu eng, wenn man den Alltagsgebrauch des Begriffs und die Vielfalt der sozialen Praxis zugrunde legt. Es kommen nämlich auch andere Drohungen und Maßnahmen in Betracht, mit denen Akteure gezwungen werden können, etwas zu tun, was sie ansonsten nicht tun würden: Man denke etwa an psychischen Druck (*pressure*), das Beschämen (*shaming and blaming*), und die Androhung oder Durchführung nicht-gewaltsamer Sanktionen wie Wirtschaftsboykotte (*boycotts*), den Ausschluss aus Gremien und Organisationen (*exclusion*) und anderes mehr. Zwang ist in diesem Sinne ein Kontinuum, bei dem unterschiedliche soziale Kosten auferlegt oder angedroht werden, um ein bestimmtes Verhalten zu erzielen.[4]

Allerdings sollte der Begriff Zwang nicht zu weit gefasst werden, damit er mit anderen Begriffen des semantischen Feldes in einen sinnvollen Zusammenhang gebracht werden kann. Folgt man den Überlegungen Christian Waldhoffs (2008, S. 17), dann ist Zwang

---

4 Dieses Verständnis folgt im Wesentlichen Robert Nozick. Nozick (1969) etablierte als erster einen konzeptionellen Rahmen, um Zwang auf seine notwendigen und hinreichenden Bedingungen hin zu untersuchen. Fast alle konzeptionell-philosophischen Debatten über den Zwang, ob etwa nur physische Gewalt oder auch andere Formen des Zwangs denkbar sind, ob nur die Androhung oder auch die Anwendung von Gewalt Zwang konstituiert, ob Zwang erst durch das Nachgeben des Gezwungenen oder schon mit der Forderung des Zwingenden zustande kommt, beziehen sich auf Nozicks Arbeiten.

die institutionalisierte Modalität gewaltsamen Handelns. Waldhoff
setzt Zwang in Beziehung zu den Begriffen Macht und Herrschaft
einerseits und Gewalt andererseits. Demnach sind Macht und
Herrschaft Zustände unterschiedlich institutionalisierter, das heißt
unverfasster beziehungsweise verfasster Über- und Unterordnung,
während Gewalt und Zwang Formen des Handelns in unverfasster
beziehungsweise verfasster Art sind.

Tab. 1   Zwang, Macht, Herrschaft und Gewalt (Waldhoff 2008, S. 17)

	Nicht institutionalisiert; unverfasst	Institutionalisiert; verfasst
Zustände	Macht	Herrschaft
Modalitäten des Handelns	Gewalt	Zwang

Zumindest dem Anspruch nach ist Zwang nicht beliebige Gewaltanwendung oder Drohung im Rahmen kruder Machtverhältnisse,
sondern die begründete Ausübung legitimer Herrschaft. Macht und
Herrschaft sind beides Formen vertikaler Differenzierung, insofern
sie soziale Strukturen der Über- und Unterordnung darstellen.
Allerdings ist Herrschaft in höherem Maße institutionalisiert.
Während Macht nach Max Weber *„jede* Chance [darstellt], innerhalb einer sozialen Beziehung den eigenen Willen auch gegen
Widerstreben durchzusetzen, gleichviel, worauf diese Chance
beruht" (Weber 1995 [1922], Kap. 1 §16), liegt Herrschaft erst dann
vor, wenn Macht institutionalisiert ist: „Herrschaft soll heißen
die Chance, für einen Befehl bestimmten Inhalts bei angebbaren
Personen Gehorsam zu finden" (Weber 1995 [1922], Kap.1 §16).
Erst in einem institutionalisierten Zusammenhang (das heißt in
einem Zusammenhang, in dem Gründe für konkrete Handlungen

gefordert und geboten werden) wird eine soziale Handlung, die unter nicht-institutionalisierten Bedingungen einfach Gewalt – im weitesten Sinne – wäre, zu Zwang, nämlich in der Ausübung eines auf politische Ordnung zielenden Herrschaftsanspruchs. Das heißt, Zwang tritt – ob eingelöst oder nicht – mit dem Anspruch einer Steuerungsabsicht zum Wohle der Allgemeinheit auf. Allerdings, und auch darauf hat Max Weber hingewiesen, bedarf der Zwang, wenn er nicht nur legitim, sondern auch legal sein und Recht konstituieren soll, eine institutionelle Unterfütterung. Für Weber ist Recht „eine durch einen Zwangsapparat [...] garantierte Ordnung" (Weber 1968, S. 445). Gewalt – nun enger verstanden als physische Einschränkung von Freiheit – kommt als das, was ein Zwangsapparat ausübt, also wieder als *ein* Mittel unter anderen zur Durchsetzung von Zwang ins Spiel, dann aber gleichsam in einer legitimen, rechtlich nobilitierten Form (die nicht mehr die Gewalt im Sinne Waldhoffs ist).[5] Allerdings bleibt immer ein gewisses Maß an nicht-gerechtfertigter oder nicht-rechtfertigbarer Gewalt erhalten. Politik geht auch dann, wenn sie auf freiwilliger Zustimmung und Folgebereitschaft beruht, nicht einfach in „Autorität" auf, sondern bleibt auf zwangsbewehrte Herrschaft angewiesen.[6] Zwang ist also nie einhundertprozentig legitim, wie Jane Mansbridge (2015) betont, und deshalb immer auch der Ort, wo Widerstand lebendig ist.

Dass im internationalen System das Recht vergleichsweise schwach ausgeprägt ist, ein Zwangsapparat fast vollkommen fehlt und deshalb internationale Normen ein Durchsetzungsdefizit

---

5   Allerdings dient Gewalt nicht nur als Mittel des Zwangs (also der Einschränkung von Freiheit zum Zweck politischer Steuerung), sondern kann anderen Zielen dienen, z. B. der Zerstörung oder Vernichtung des Gegners oder der Erweiterung des eigenen Machtbereichs.

6   Vgl. dazu die Kontroverse in der PVS: Daase und Deitelhoff (2015) und Zürn (2015).

haben, ist offenkundig. Das wird insbesondere dann augenfällig, wenn der UN-Sicherheitsrat uneinig ist und sich nicht zu Sanktionen oder friedenserhaltenden Maßnahmen durchringen kann. In diesen Situationen stellt sich die Frage nach dezentralen Sanktionen zur Rechtsdurchsetzung. Allerdings werden Sanktionen üblicherweise nur dann Erfolgsaussichten eingeräumt, wenn möglichst viele Akteure sich an den Strafmaßnahmen beteiligen und den ökonomischen und politischen Druck nicht unterlaufen (vgl. Cortright und Lopez 2000; Drenzer 2011).

Die Vorstellung, Sanktionen seien Strafen, um Akteure zu Verhaltensänderungen zu zwingen, ist allerdings verkürzt. Man kann auch den Begriff Sanktion sehr viel weiter verstehen, und es ergeben sich dann neue Perspektiven für eine Politik des legitimen Zwangs. Geht man nämlich vom allgemeinen Sprachgebrauch aus, dann sind Sanktionen mehr als Strafen. Im *Oxford English Dictionary* wird eine Sanktion zwar als „eine angedrohte Strafe für das Nichtbefolgen eines Gesetzes oder einer Regel" definiert, gleichzeitig aber auch als „offizielle Erlaubnis oder Billigung". Etwas zu sanktionieren kann also sowohl heißen es zu missbilligen und zu bestrafen als auch es zu billigen und zu belohnen. „Sanktion" kommt nämlich vom Lateinischen „sancire", was soviel heißt wie „heiligen", aber auch „festsetzen" und „bestätigen". Sanktionen haben also etwas mit der Rechtfertigung, Begründung und Bestätigung von Normen zu tun, sei es durch Missbilligung und Strafe oder Billigung und Belohnung. So kann der Begriff Sanktion oberflächlich zwei widersprüchliche Bedeutungen haben, weil er eine tiefere Bedeutung besitzt, die auf die normative Basis verweist, die durch das Sanktionieren aktiviert und bestärkt wird.

Häufig werden Sanktionen mit reiner Machtpolitik in Zusammenhang gebracht. Karl Deutsch (1963, S. 121f.) definierte Macht als die „erwartbare Fähigkeit Sanktionen zu verhängen". Aber nicht jede Machtausübung ist eine Sanktion, sondern nur die, die mit dem Anspruch auftritt, eine allgemeine Norm zur Geltung zu verhelfen. Klassische Kanonenbootdiplomatie, bei der ein Staat einen anderen aus egoistischen Motiven zwingt, ist keine Sanktionspolitik – und gemäß der eben entwickelten Vorstellung auch kein Zwang. Entscheidend ist die Berufung auf und die Rechtfertigung von allgemeinen Normen, zu deren Erhalt politische, wirtschaftliche oder militärische Macht ausgeübt wird.

Mit dem Fokus auf die normative Funktion von Sanktionen verliert der Aspekt der Macht an Bedeutung. Auch machtlose Sanktionen sind Sanktionen im hier verstandenen Sinne. Wenn die Bekräftigung einer allgemeinen Norm die Hauptfunktion von Sanktionen ist und nicht die Erzwingung eines bestimmten Handelns, dann verändern sich auch die Erfolgsparameter von Sanktionen. Protestnoten gegen die Behandlung von Strafgefangenen durch das amerikanische Militär sind nicht erfolgreich, insofern sie das Verhalten der USA ändern, sondern insofern sie eine Missbilligung unter Verweis auf allgemeine Normen (auf das Folterverbot, die Verhältnismäßigkeit der Mittel, die Verpflichtungen von Besatzungsmächten usw.) ausdrücken. Sanktionen gegen Russlands Annexion der Krim sind nicht erst dann erfolgreich, wenn sich die russischen Truppen zurückziehen, sondern bereits in dem Moment, in dem sie eine allgemeine Missbilligung ausdrücken und das Recht auf territoriale Integrität, den Grundsatz, keine gewaltsamen Grenzveränderungen vorzunehmen und die Regel, dass Verträge eingehalten werden müssen, bestätigen. Sanktionen scheitern nicht dadurch, dass sie eine beabsichtigte Verhaltensänderung nicht erreichen, sondern allenfalls dann, wenn die Berufung auf die zugrundeliegende Norm nicht gelingt und die Sanktion zu Recht als illegitimer Zwang angesehen wird. So gesehen sind die Sanktionen, die die Trump-Administration nach ihrem Ausstieg aus dem Atomabkommen mit dem Iran verhängte, keine Sanktionen, sondern Zwangspolitik der illegitimen Art.

Wenn man dieses Verständnis von Sanktionen ernst nimmt, könnte sich eine neue Ethik des Sanktionierens als legitime Zwangspolitik eröffnen. Sanktionspolitik wäre dann nicht länger eine exklusive Domäne der Staaten, sondern Möglichkeit und Auftrag zur dezentralen Billigung oder Missbilligung von Politik durch die Bürgerinnen und Bürger. Dabei geht es nicht um eine vordergründige Moralisierung, sondern um eine aktive Beteiligung der Gesellschaft an politischen Entscheidungen.

5   Fazit

Im rechtsethischen Diskurs der letzten Jahre ist zu viel über den gerechten Krieg und zu wenig über legitimen Zwang gesprochen worden. Dadurch sind die Möglichkeiten konzeptionell eingeschränkt worden, auf Rechtsbrüche, Menschenrechtsverletzungen und Ungerechtigkeiten in der internationalen Politik zu reagieren. Es gibt aber nicht-gewaltsame Formen des Zwangs, mit denen Regelverstöße geahndet und die Verbindlichkeit internationaler Normen erhöht werden können. Um die Möglichkeiten legitimen Zwangs systematisch zu entwickeln, ist es wichtig, sich von einem zu engen Verständnis von Sanktionen zu trennen. Ein weiter Begriff des Sanktionierens, der die normative Funktion des Billigens und Missbilligens in den Vordergrund stellt, eröffnet neue Möglichkeiten internationaler Ordnungspolitik.

Literatur

Buchanan, Allen. 2003. Reforming the International Law of Humanitarian Intervention. In *Humanitarian Intervention. Ethical, Legal, and Political Dilemmas*, hrsg. von J. L. Holzgrefe, Jeff L. und Robert O. Keohane, 130–173. Cambridge: Cambridge University Press.

Byman, Daniel und Matthew Waxman. 2002. *The Dynamics of Coercion. American Foreign Policy and the Limits of Military Might*. Cambridge: Cambridge University Press.

Cortright, David und George A. Lopez. 2000. *The Sanctions Decade: Assessing UN Strategies in the 1990s*. Boulder, CO: Lynne Rienner Publishers Inc.

Daase, Christopher und Nicole Deitelhoff. 2015. Jenseits der Anarchie: Widerstand und Herrschaft im internationalen System. *Politische Vierteljahresschrift* 56 (2): 300–319.

Deutsch, Karl W. 1963. *The Nerves of Government*. New York: Free Press.

Drenzer, Daniel W. 2011. Sanctions Sometimes Smart: Targeted Sanctions in Theory and Practice. *International Studies Review* 13 (1): 96–108.

Ellscheid, Günther. 1989. Rechtsethik. In *Angewandte Ethik*, hrsg. von Annemarie Pieper und Urs Thurnherr, 134–155. München: Beck.

Evangelische Kirche in Deutschland (EKD). 2007. *Aus Gottes Frieden leben* – für gerechten Frieden sorgen. Eine Denkschrift des Rates der Evangelischen Kirche in Deutschland. Gütersloh: Gütersloher Verlagshaus.

Franck, Thomas M. 2003. Interpretation and Change in the Law of Humanitarian Intervention. In *Humanitarian Intervention. Ethical, Legal, and Political Dilemmas*, hrsg. von Jeff L. Holzgrefe und Robert O. Keohane, 204–231. Cambridge: Cambridge University Press.

Habermas, Jürgen. 1999. Bestialität und Humanität. Ein Krieg an der Grenze zwischen Recht und Moral. *Die ZEIT* vom 28. April 1999.

Hurd, Ian. 2017. The Permissie Power of the Ban on War. *European Journal of International Security* 2 (1): 1–18.

Kelsen, Hans. 1932. Unrecht und Unrechtsfolge im Völkerrecht. *Zeitschrift für Öffentliches Recht* 12 (4): 481–608.

Kelsen, Hans. 1944. *Peace Through Law*. Chapel Hill: The Lawbook Exchange.

Mansbridge, Jane. 2015. Resisting Resistance. In *Transformations of Democracy: Crisis, Protestand and Legitimation*, hrsg. von Robin Celikates, Regina Kreide und Tilo Wesche, 147–158. Lexington: Rowman & Littlefield International.

Möllers, Christoph. 2015. *Die Möglichkeit der Normen*. Berlin: Suhrkamp.

Nozick, Robert. 1969. Coercion. In *Philosophy, Science, and Method: Essays in Honor of Ernest Nagel*, hrsg. von Sidney Morgenbesser, Patrick Suppes und Morton White, 440–472. New York, NY: St. Martin's Press.

Peace Research Institute Frankfurt (PRIF). 2018. *Coercion and Peace. PRIF's New Research Program*. Frankfurt a. M.: PRIF.

Schelling, Thomas C. 1966. *Arms and Influence*. London: Yale University Press.

Schmitt, Carl. 2005 [1937]. Die Wendung zum diskriminierenden Kriegsbegriff. In *Frieden oder Pazifismus? Arbeiten zum Völkerrecht und zur internationalen Politik 1924–1978*, hrsg. von Günter Maschke, 518–597. Berlin: Duncker & Humblot.

Slaughter, Ann-Marie. 1995. International Law in a World of Liberal States. *European Journal of International Law* 6 (3): 503–538.

Waldhoff, Christian. 2008. *Staat und Zwang: Der Staat als Rechtsdurchsetzungsinstanz*. Paderborn: Verlag Ferdinand Schöningh.

Weber, Max. 1995 [1922]. *Wirtschaft und Gesellschaft. Grundriss der verstehenden Soziologie*. 5. rev. Aufl. Tübingen: Mohr Siebeck.

Weber, Max. 1968. Über einige Kategorien der verstehenden Soziologie. In *Max Weber. Gesammelte Aufsätze zur Wissenschaftslehre*, hrsg. von Johannes Winckelmann, 403–450. 3. Aufl. Tübingen: Mohr (Siebeck).

Wehberg, Hans. 1930. *Die Aechtung des Krieges. Eine Vorlesung an der Haager Völkerrechtsakademie und am „Institut Universitaire de Hautes Etudes Internationales"* (Genf). Berlin: F. Vahlen Verlag.

Zürn, Michael. 2015. Jenseits der Anarchie: Autorität und Herrschaft in der Global Governance. *Politische Vierteljahresschrift* 56 (2): 320–334.

Die *ultima ratio* im Spiegel der Friedensdenkschrift und des badischen Friedensprozesses

Vincenzo Petracca

1 Einleitung

Angesichts der geänderten weltpolitischen Rahmenbedingungen und im Nachgang der Friedensdenkschrift der Evangelischen Kirche in Deutschland (EKD) von 2007 gab es in der badischen Landeskirche sehr intensive Auseinandersetzungen mit friedensethischen Fragen. Inspiriert durch diesen Prozess hat in den letzten Jahren eine Reihe weiterer Landeskirchen begonnen, sich verstärkt mit der Friedensthematik zu befassen. Schlüsselfragen sind dabei, inwieweit die Friedenstheologie auch eine Theologie der Gewaltfreiheit darstellt und die Gewaltlosigkeit als *prima ratio* gegenüber der *ultima ratio* von Gewalt befolgt wird. Brach die Friedensdenkschrift mit der Tradition des gerechten Krieges unter gleichzeitiger Beibehaltung der *ultima ratio*, so blieb Letzteres im evangelischen Raum nicht unwidersprochen. Lehnten zunächst nur historische Friedenskirchen und pazifistische Gruppen innerhalb der Friedensarbeit im Raum der EKD die *ultima ratio* ab, stellte im Jahr 2013 die badische Landeskirche als erste Gliedkirche der

© Springer Fachmedien Wiesbaden GmbH, ein Teil von Springer Nature 2019
I.-J. Werkner und P. Rudolf (Hrsg.), *Rechtserhaltende Gewalt – zur Kriteriologie*, Gerechter Frieden, https://doi.org/10.1007/978-3-658-22946-7_3

EKD die *ultima ratio* und damit auch eine Kernaussage der Friedensdenkschrift infrage.

Der Beitrag diskutiert die *ultima ratio* im Lichte des badischen Diskurses.[1] Zunächst erfolgt eine Klärung des Begriffs und seiner Herkunft (Kapitel 2). Im Folgenden werden die evangelischen Diskurse zur *ultima ratio* am Beispiel der Friedensdenkschrift der EKD (Kapitel 3.1) und der Landeskirche in Baden (Kapitel 3.2) dargestellt und deren Standpunkte diskutiert (Kapitel 4).

2   Zum Begriff der *ultima ratio*

Der Begriff „ultima ratio" kommt aus dem Lateinischen und bedeutet übersetzt „letztes Mittel" oder „äußerste Möglichkeit". Allgemein bezeichnet der Begriff den allerletzten Ausweg aus einem Interessenkonflikt, wenn alle anderen Lösungswege zu keiner Einigung geführt haben. In der internationalen Politik kommt der Begriff im Rahmen der Lehre vom gerechten Krieg vor. Er zählt zu den Kriterien des Rechts, einen gerechten Krieg zu führen (*ius ad bellum*), und bezeichnet dabei die Anwendung von Gewalt als äußerstes Mittel nach Ausschöpfung aller (erfolgsversprechenden) gewaltfreien Mittel.

Der Sache nach geht die *ultima ratio* auf Cicero zurück, wenngleich er den Begriff noch nicht verwendete. Cicero diskutiert in *De officiis* und *De re publica* die Kriterien, die ein Krieg erfüllen müsse, um gerechtfertigt zu sein (vgl. Keller 2012). Eines dieser Kriterien ist das letzte Mittel: Dem Krieg müssen gescheiterte Verhandlungsversuche vorangegangen sein. Seinen anderen Kriterien

---

1   Als badischer Pfarrer und Vorstandsmitglied der Aktionsgemeinschaft Dienst für den Frieden (AGDF) bin ich seit Jahren unmittelbar in diesen Prozess eingebunden.

nach müsse der Krieg erstens Reaktion auf erlittenes Unrecht sein, zweitens von der politischen Zentralmacht geführt werden, drittens von sakralen Autoritäten formal legitimiert werden sowie viertens den verletzten Rechtszustand wiederherstellen und Schäden wiedergutmachen. Cicero hat damit die Kriteriologie des gerechten Krieges geprägt. In abgewandelter Form kommen diese Kriterien auch bei den Vertretern der Lehre des gerechten Krieges – von Augustinus und Thomas von Aquin über Francisco de Vitoria und Hugo Grotius bis hin zu Michael Walzer – immer wieder vor.

Der Begriff der *ultima ratio* begegnet erstmals im Zusammenhang mit dem Dreißigjährigen Krieg und seine Herkunft ist vielsagend. Der spanische Dramatiker Pedro Calderón de la Barca bezeichnet um 1644 in seinem Drama „In diesem Leben ist alles wahr und alles Lüge" Pulver und Blei als „Ultima razon de reyes" (das letzte Mittel der Könige) (vgl. Brockhaus 1895, S. 55). Ludwig XIV. soll seit 1650 in Anlehnung daran auf seine Kanonenrohre die Inschrift gegossen haben: „Ultima ratio regum" (das letzte Mittel der Könige). Er meinte damit freilich noch nicht, Gewalt als äußerstes Mittel nach Ausschöpfung ziviler Mittel, sondern als königliches Mittel zur Entscheidung eines Konflikts. Rund einhundert Jahre später verwendete Friedrich II. den Begriff in eben dieser Weise und fast wortgleich; er setzte einzig den Singular an die Stelle des Plurals: Seit 1742 trugen seine Kanonen die Inschrift „Ultima ratio regis" (das letzte Mittel des Königs). Krieg wurde verstanden als letztes Mittel der Macht. Der Begriff der *ultima ratio* war geboren.

3   Die *ultima ratio* im evangelischen Diskurs

3.1   Die *ultima ratio* in der Friedensdenkschrift der EKD

Die Friedensdenkschrift der EKD aus dem Jahr 2007 bricht mit der Lehre vom gerechten Krieg und setzt an deren Stelle die Lehre vom gerechten Frieden. Die alte Maxime „si vis pacem para bellum" (wenn du Frieden willst, bereite den Krieg vor) wird in der Denkschrift ersetzt durch ein Denken vom gerechten Frieden her und durch die Maxime „si vis pacem para pacem" (wenn du Frieden willst, bereite den Frieden vor). Die vorrangige Option für Gewaltfreiheit wird betont und die Bereitschaft zum Gewaltverzicht unterstrichen (vgl. EKD 2007, Ziff. 75).

Der Bruch mit der Tradition des gerechten Krieges ist aber nicht umfassend, vielmehr rettet die Denkschrift die klassischen Prüfkriterien für einen gerechten Krieg hinüber in ihre Lehre vom gerechten Frieden (vgl. EKD 2007, Ziff. 99). Sie entwickelt eine Ethik rechtserhaltender Gewalt. Das Grundprinzip ist „Gerechter Friede durch Recht", wie die Überschrift des dritten Kapitels der Denkschrift lautet. Recht wird mit Gerechtigkeit identifiziert. Auch Recht und Gewalt versteht die Denkschrift als untrennbar:

> „Recht ist auf Durchsetzbarkeit angelegt. In der Perspektive einer auf Recht gegründeten Friedensordnung sind Grenzsituationen nicht auszuschließen, in denen sich die Frage nach einem (wenn nicht gebotenen, so doch zumindest) erlaubten Gewaltgebrauch und den ethischen Kriterien dafür stellt." (EKD 2007, Ziff. 98)

Die Denkschrift gestattet im äußersten Fall nicht nur polizeiliche, sondern auch militärische Gewalt. Sie legitimiert dabei militärische Zwangsmaßnahmen und Interventionen, wenn sie dem

Schutz des menschlichen Lebens und der Wiederherstellung der
Rechtsordnung dienen:

> „Bei schwersten, menschliches Leben und gemeinsam anerkann-
> tes Recht bedrohenden Übergriffen eines Gewalttäters kann die
> Anwendung von Gegengewalt erlaubt sein, denn der Schutz des
> Lebens und die Stärke des gemeinsamen Rechts darf gegenüber dem
> ‚Recht des Stärkeren‘ nicht wehrlos bleiben." (EKD 2007, Ziff. 102)

Die Denkschrift denkt nicht nur an ein Selbstverteidigungsrecht
bei einem Angriff, sondern auch an internationale bewaffnete
Friedensmissionen, an militärische Sanktionen des Sicherheitsrates
und an Militäreinsätze aus humanitären Gründen zum Schutz
gegen schwere Menschenrechtsverletzungen. Das Einmischungs-
verbot in innerstaatliche Angelegenheiten wird nicht mehr absolut
verstanden:

> „Ein Staat, in dem die physische Existenz der Bürger akut bedroht
> ist oder in dem große Teile der Bevölkerung kollektiv entrechtet
> werden, hat den Anspruch auf Respektierung seiner territorialen
> und politischen Integrität verwirkt. Bei Menschheitsverbrechen wie
> einsetzendem Genozid, Massenmord an Minderheiten, Massakern
> an ethnischen Gruppen und ethnischer Vertreibung, kollektiver
> Folter und Versklavung kann militärisches Eingreifen gerechtfertigt
> sein" (EKD 2007, Ziff. 112).

Dahinter steht eine neuere Entwicklung in der militärischen
Sanktionpraxis des Sicherheitsrates der Vereinten Nationen. Im
System kollektiver Sicherheit der UN-Charta gibt es erstens die
Selbstverpflichtung zur friedlichen Beilegung von Streitigkeiten,
zweitens die Hilfe zur Selbsthilfe und drittens Zwangsmaßnahmen:
Der UN-Sicherheitsrat kann bei Gefährdung des Weltfriedens
oder der internationalen Sicherheit Zwangsmaßnahmen verhän-
gen, sowohl nichtmilitärische als auch militärische. Der Begriff

„Frieden" kommt zwar häufig in der Charta vor, wird aber an keiner Stelle definiert, entsprechend unscharf ist er. Historisch waren UN-Sanktionen Mittel der Reaktion auf zwischenstaatliche Gewalt und Krieg. Die Achtung der Menschenrechte galt lange Zeit als innerstaatliche Angelegenheit und fiel damit unter das Charta-Verbot der Einmischung in die inneren Angelegenheiten. Diese Sanktionspraxis wurde evolutionär weiterentwickelt. Der in der Charta unbestimmte Begriff der Friedensgefährdung wurde ausgeweitet. Als Bedrohung des internationalen Friedens und der Sicherheit werden vom UN-Sicherheitsrat neuerdings auch inner-staatliche Situationen verstanden, die schwerwiegendste Verstöße gegen die Menschenrechte darstellen. Allerdings ziehen derlei Verstöße nicht an und für sich eine Feststellung der Bedrohung des Friedens nach sich, sondern nur, wenn die Wahrscheinlichkeit besteht, dass sich hieraus ein internationaler bewaffneter Konflikt entwickeln könnte.

Auch die Denkschrift (EKD 2007, Ziff. 101f.) legitimiert bei gravierenden Menschenrechtsverletzungen in einem Land nicht automatisch eine militärische Intervention, sondern nennt sieben Prüfkriterien, die alle erfüllt sein müssen, damit ein Militäreinsatz erlaubt sei:

- *Erlaubnisgrund:* Gegengewalt kann erlaubt sein, um Gewaltopfer zu schützen und Normen einer gemeinsamen Rechtsordnung zu verteidigen.
- *Autorisierung:* Zur Gegengewalt autorisiert ist nur, wer von den Vereinten Nationen oder einer regionalen Organisation kollektiver Sicherheit dazu legitimiert wird.
- *Richtige Absicht:* Das Ziel der Maßnahmen muss es sein, die Bedingungen gewaltfreien Zusammenlebens wiederherzustellen.
- *Unterscheidungsprinzip:* Nicht direkt an der Gewaltausübung beteiligte Personen sind zu schonen.

- *Verhältnismäßigkeit der Folgen:* Das Übel, das durch eine militärische Intervention entsteht, darf nicht größer sein als das durch den Erstgebrauch der Gewalt verursachte Übel.
- *Verhältnismäßigkeit der Mittel:* Der Schaden der Militärintervention ist auf das notwendige Mindestmaß zu begrenzen.
- *Äußerstes Mittel (ultima ratio):* „Der Gewaltgebrauch muss als äußerstes Mittel erforderlich sein, d. h., alle wirksamen milderen Mittel der Konfliktregelung sind auszuloten. Das Kriterium des ‚äußersten Mittels‘ heißt zwar nicht notwendigerweise ‚zeitlich letztes‘, es bedeutet aber, dass unter allen geeigneten (also wirksamen) Mitteln das jeweils gewaltärmste vorzuziehen ist.“ (EKD 2007, Ziff. 102)

Auch wenn die *ultima ratio* nicht mehr dazu dient, einen Krieg als gerecht zu klassifizieren, so fungiert sie in der Friedensdenkschrift doch weiterhin als eines der Prüfkriterien für die Frage, wann der Einsatz von Militär als legitime Gegengewalt gelten könne.

Die EKD-Friedensdenkschrift beinhaltet zwei Pole: Der eine Pol ist die Bekräftigung der vorrangigen Option für Gewaltfreiheit; der andere ist die *ultima ratio* von Gewalt. Letzteres legitimiert sie theologisch mit dem Verweis auf den Römerbrief, Kapitel 13:

„Das christliche Ethos ist grundlegend von der Bereitschaft zum Gewaltverzicht (Mt 5,38ff.) und vorrangig von der Option für die Gewaltfreiheit bestimmt. In einer nach wie vor friedlosen, unerlösten Welt kann der Dienst am Nächsten aber auch die Notwendigkeit einschließen, den Schutz von Recht und Leben durch den Gebrauch von Gegengewalt zu gewährleisten (vgl. Röm 13,1–7). Beide Wege, nicht nur der Waffenverzicht, sondern ebenso der Militärdienst setzen im Gewissen und voreinander verantwortete Entscheidungen voraus“ (EKD 2007, Ziff. 60).

3.2   Die *ultima ratio* im badischen Friedensprozess

Der Passus der Friedensdenkschrift zur *ultima ratio* löste solch heftigen Widerstand des Kirchenbezirks Breisgau-Hochschwarzwald aus, dass er eine Neuorientierung der evangelischen Friedensethik an den biblischen Kernaussagen forderte und im Jahr 2011 eine entsprechende Eingabe an die badische Landessynode machte. Kernpunkt war, die Gewaltfreiheit als einzige Option christlicher Friedensethik zu verstehen. Die Landessynode entschied sich in dieser Frage dafür, einen flächendeckenden, basisdemokratischen Diskussionsprozess in der Kirche zu initiieren. Als Ergebnis dieses Prozesses verabschiedete die Landessynode im Herbst 2013 ein Diskussionspapier mit dem Titel „Richte unsere Füße auf den Weg des Friedens (Lk 1,79) – ein Diskussionsbeitrag aus der Evangelischen Landeskirche in Baden". Dieses Diskussionspapier ist kirchenintern und wendet sich vor allem an badische Gemeinden und Bezirke. Es versteht sich darüber hinaus aber auch als ein Beitrag zur Diskussion der *ultima ratio* innerhalb der EKD und der Gemeinschaft Evangelischer Kirchen in Europa. Die badische Landeskirche möchte Kirche des gerechten Friedens werden und für die gewaltfreie Bearbeitung von Konflikten auf allen Ebenen eintreten. Der Vizepräsident der Synode, Volker Fritz, betont dabei:

> „Konflikte gewaltfrei lösen – auf allen Ebenen. Das ist das Ziel, deshalb soll die badische Landeskirche eine Kirche des gerechten Friedens *werden*, nicht deklamatorisch, sondern durch aktives Tun auf allen Ebenen. Die Eingabe war ein mahnender Impuls, sich endlich wieder diesen drängenden Fragen der Friedensethik zu stellen. Die Beratungen und Beschlüsse dieser Synodaltagung dürfen kein Abschluss sein, vielmehr ein Zwischenschritt auf dem Weg" (EKiBa 2014, S. 19; Hervorh. im Original).

Das Ziel des badischen Friedensprozesses ist – wie in der Denkschrift der EKD – ein gerechter Frieden. Der Unterschied liegt in
der badischen Neuakzentuierung des Weges zum Frieden: Aus der
vorrangigen Option für Gewaltfreiheit wurde eine ausschließliche
Option. Das badische Friedenspapier differenziert: Gerechter Friede
wird als Prozess verstanden, entsprechend ist zwischen einer kurz-,
mittel- und langfristigen Perspektive zu unterscheiden. Kurzfristig
fordert die badische Kirche keine völlige Gewaltfreiheit, sondern
sie möchte eine stärkere Ausrichtung am Ziel der Gewaltlosigkeit.
Sie will sich in der EKD dafür einsetzen, dass die Friedensdenkschrift hin zu

> „einer eindeutigeren Option für Gewaltfreiheit im Sinne des um-
> fassenden Verständnisses des gerechten Friedens weiterentwickelt
> wird. Dabei sind Maßnahmen politischen Handelns, die zur Vor-
> beugung und Vermeidung von Eskalationen dienen, verstärkt in
> den Blick zu nehmen" (EKiBa 2014, S. 12)

Geht es sowohl dem badischen Friedenspapier als auch der
EKD-Denkschrift um die Überwindung von Gewalt, so ist doch
für die badische Landeskirche charakteristisch, dass das Ziel für
den Bereich Militär nicht wie in der EKD-Denkschrift bei der
Parusie ausgemacht wird, sondern bereits mittelfristig. Aus diesem
Grund beschloss die badische Kirche:

> „Gleich dem nationalen Ausstiegsgesetz aus der nuklearen Energie-
> gewinnung, gilt es – möglicherweise in Abstimmung mit anderen
> EU-Mitgliedsstaaten – ein Szenario zum mittelfristigen Ausstieg
> aus der militärischen Friedenssicherung zu entwerfen" (EKiBa
> 2014, S. 11).

Die badische Kirche lehnt weder Gewalt an sich noch staatliche
Gewalt im Besonderen ab. Vielmehr genießt polizeiliche Gewalt
im Friedenspapier eine hohe Wertschätzung. Es geht um die Über-

windung militärischer Gewalt. Militärische Friedenssicherung soll mittelfristig durch eine zivile ersetzt werden. Eine zivile Friedenssicherung stellt das Gewaltmonopol des Staates nicht infrage. Eine völlige Gewaltfreiheit in allen sozialen Bezügen sieht das badische Friedenspapier – hier wieder im Konsens mit der EKD-Denkschrift – erst langfristig mit der Parusie. Die endzeitliche Gewaltfreiheit ist freilich schon heute Orientierungslinie:

> „Ein solcher ganzheitlicher Friede wird die menschlichen Beziehungen und Verhaltensweisen prägen, auch wenn dieser ‚Schalom‘ in seiner ganzen Fülle erst durch den Messias, den ‚Friedefürst‘ erreicht sein wird (Jes 9,5)“ (EKiBa 2014, S. 5).

Die badische Kirche ist sehr deutlich durch pazifistische Impulse geprägt, speist diese aber ein in eine intensive Suche nach politisch verantworteten Konzepten und Antworten. Sie beeindruckt ebenso durch die Breite und Tiefe der Diskussionsprozesse wie durch die Klarheit, in der der Zusammenhang von Frieden und Gerechtigkeit als Frage an die Gestalt der Kirche im Ganzen, nicht nur als politische Einzel- oder Detailfrage, gesehen wird.

Das badische Friedenspapier beharrt auf der ausschließlichen Option für Gewaltfreiheit in der Friedenssicherung. Die Argumente sind nicht nur theologischer, sondern auch politischer Natur. Die badische Kirche verweist auf die Wirkungslosigkeit von Militärinterventionen und wendet sich gegen „die Einseitigkeit militärischer Optionen“ (EKiBa 2014, S. 10). Es wird kritisch gefragt, inwiefern Militäreinsätze geostrategischen Interessen folgen (vgl. EKiBa 2014, S. 4). Entscheidender ist für das Friedenspapier freilich die theologische Argumentation. Es beginnt programmatisch mit einem Zitat von Basilius dem Großen aus dem 4. Jahrhundert: „Nichts zeichnet einen Christen so sehr aus als dies: Friedensstifter zu sein“ (EKiBa 2014, S. 3). Hintergrund dieses Spruches ist die Bergpredigt mit der Seligpreisung „Selig, die Frieden stiften, denn sie werden Kinder Gottes genannt" (Mt 5,9). Überhaupt ist die Bergpredigt die entscheidende Argumentationsgrundlage des Friedenspapiers. Es beruft sich auf den Jesus der Bergpredigt, der zur aktiven Gewaltfreiheit auffordert.

> „Was diese ‚aktive Gewaltfreiheit' konkret bedeuten kann, verdeutlicht die Bergpredigt an Beispielen: ‚Wenn dich einer auf die rechte Wange schlägt, dem halte auch die andere hin' (Mt 5,39). Dieses Verhalten nimmt die Gewalt weder passiv hin, noch wird mit Gegengewalt reagiert. Vielmehr gibt es dem Angegriffenen seine Würde zurück, lässt die Aggressivität ins Leere laufen und führt so aktiv aus der Gewaltspirale hinaus" (EKiBa 2014, S. 6).

Die Bergpredigt wird mit der paulinischen Feindesliebe untermauert:

> „‚Lass dich nicht vom Bösen überwinden, sondern überwinde das Böse mit Gutem' (Röm 12,21). Damit wird die Option angesprochen, gegebenenfalls auf die Durchsetzung des eigenen Rechts zu verzichten, um Voraussetzungen für Frieden zu erhalten" (EKiBa 2014, S. 6).

Neben den beiden Wegen, auf Gewalt entweder mit Gegengewalt oder mit Passivität zu reagieren, nennt das Diskussionspapier dies den „dritten Weg der Konfliktbearbeitung" (EKiBa 2014, S. 6), um den es im Neuen Testament geht. Alttestamentlich wird auf das Tötungsverbot in der Schöpfungsgeschichte und die Friedensvisionen aus dem Jesajabuch und den Psalmen zurückgegriffen. Der Fokus der biblischen Argumentation liegt indes auf der Bergpredigt.

Wie bereits ausgeführt lehnt das badische Friedenspapier in der entscheidenden Konklusion die *ultima ratio* explizit ab:

> „Angesichts der schrecklichen Erfahrungen des Zweiten Weltkrieges wurde sowohl von der Ökumene und von den Vereinten Nationen, als auch von der badischen Landeskirche wiederholt die Ächtung

des Krieges ausgesprochen: ‚Krieg scheidet als Mittel der Politik aus und darf nach Gottes Willen nicht sein!' Daher muss der Tendenz gewehrt werden, den Krieg wieder als normales Mittel der Politik anzusehen und wirtschaftliche Interessen mit militärischen Mitteln durchzusetzen. In der Konsequenz bedeutet dies, auf militärische Einsätze zu verzichten" (EKiBa 2014, S. 9).

Stattdessen sollen in der Nachfolge des gewaltfreien Jesus zivile Mittel verwendet werden, um sich für einen gerechten Frieden einzusetzen. Dabei wird ein *just policing* (gerechtes polizeiliches Handeln) zugelassen, um Konflikte zu deeskalieren und Raum für die Konfliktbearbeitung zu schaffen (vgl. EKiBa 2014, S. 8f.).

Was setzt die badische Kirche – neben *just policing* – an die Stelle der *ultima ratio*? Zum einen fokussiert sie auf neuere Methoden der Gewaltfreiheit. Diese rezipiert das Friedenspapier mit dem Begriff des dritten Weges der Konfliktbearbeitung und dem Beharren auf Vorbeugung und Vermeidung von Eskalationen (vgl. EKiBa 2014, S. 6). Zum zweiten setzt sie der *ultima ratio* ein umfassendes Verständnis des gerechten Friedens entgegen, das durch einen breiten Diskussionsprozess und den Einbezug sowohl der Friedenspraxis als auch der Gemeindeebene charakterisiert ist:

> „Das weite Verständnis vom gerechten Frieden und die Praxis der Gewaltfreiheit Jesu fordern uns zu einem Weg heraus, auf dem theologisches Nachdenken und kirchliche Praxis unbedingt zusammen gehören und einander beeinflussen. Dieser Weg kann nicht verordnet werden, sondern hängt vom Engagement vieler ab. Er ist deshalb einladend und bemüht, auch kontroverse Fragen im Sinne der Friedensverheißung auszutragen" (EKiBa 2014, S. 9).

Zum dritten hält die badische Kirche der *ultima ratio* die Bildung entgegen. Sie weiß sich Philipp Melanchthon, dem Lehrer Deutschlands², der zur Reformationszeit in Baden wirkte, verpflichtet und legte mit der Grundüberzeugung, „Frieden kann gelernt und muss gelehrt werden" (EKiBa 2014, S. 12), gewaltfreie Konfliktbearbeitung als zentrales kirchliches Bildungsthema fest. Es soll nicht nur in der Fortbildung vorkommen, sondern bereits im Kindergarten gelernt, in den schulischen Lehrplänen verankert, in der Konfirmandenarbeit eingeübt, im Theologiestudium angeboten und in der Vikarsausbildung gelehrt werden. Für alle Mitarbeitenden in den Gemeinden und der Diakonie wurde beschlossen: „Das Thema ‚gewaltfreie Konfliktbearbeitung' muss fester Bestandteil der Bildungspläne aller kirchlichen Ausbildungsgänge werden" (EKiBa 2014, S. 13)·

4 Gewalt als äußerstes Mittel?

4.1 Theologische Aspekte

Der Ausgangspunkt des badischen Friedensprozesses war der Vorwurf des Kirchenbezirks Breisgau-Hochschwarzwald, die *ultima ratio* sei unbiblisch. Entsprechend ist im badischen Friedenspapier die Bergpredigt die entscheidende ethische Argumentationsgrundlage. Der Rückbezug auf die Bibel ist gemäß dem reformatorischen Grundsatz, die Bibel sei die alleinige Richtschnur für das Handeln (*sola scriptura*), theologisch überzeugend. Exegetisch unglücklich scheint indessen die Überschrift des Kapitels 2.2 gewählt: „Ethos der Gewaltfreiheit in der Bergpredigt versus Lehre vom gerechten Krieg" (EKiBa 2014, S. 6). Sie suggeriert, die Gewaltlosigkeit

---

2 Der Reformator Melanchthon wirkte nicht nur theologisch, sondern war auch ein Reformator des Bildungswesens. Schon zu seinen Lebzeiten wurde er als Praeceptor Germaniae (Lehrer Deutschlands) bezeichnet.

sei hauptsächlich in der Bergpredigt zu finden. Tatsächlich ist Gewaltfreiheit eine der theologischen Grundlinien des Neuen Testaments. Sie findet sich auch darüber hinaus in den Evangelien genauso wie in der Epistelliteratur. Mag manchmal an Einzelstellen auch ein anderer Eindruck entstehen, so ist doch die Grundlinie der Gewaltlosigkeit als Handlungsmaxime für die christlichen Gemeinden deutlich und im Neuen Testament durchgängig. Selbst in der Offenbarung des Johannes, die voller Gewaltfantasien ist, wird in Offb 13,10 explizit abgelehnt, dass die Adressaten der Offenbarung selbst zu den Waffen greifen sollen. Es wird stattdessen das Martyrium propagiert.[3] Festzuhalten bleibt, dass Gewaltfreiheit eine Kernaussage des Neuen Testaments darstellt und daher auch für heute von hermeneutischer Relevanz ist.

Ein Aspekt fehlt im badischen Friedenspapier allerdings völlig: der des Leidens. Gewaltlosigkeit bedeutet auch die Bereitschaft, sich der Gewalt auszusetzen und sie gegebenenfalls zu erleiden, biblisch gesprochen, das Kreuz auf sich zu nehmen. Nicht ohne Grund starb der gewaltfreie Jesus am Kreuz. Für das Markusevangelium ist daher Nachfolge immer Kreuzesnachfolge. Auch Paulus rückt das Kreuz in das Zentrum und entfaltet im 1. Korintherbrief eine Theologie, nach der das Kreuz eine göttliche Kraft darstellt, die in den Schwachen mächtig ist. Es ist das Verdienst Martin Luthers, die Kreuzestheologie mit der Heidelberger Disputation im April 1518 wieder in die Mitte der Theologie gerückt zu haben. Man sollte indes nicht kurzschlüssig meinen, Gewaltfreiheit sei mit Martyrium gleichzusetzen. Zwar schließt Gewaltlosigkeit Leidensbereitschaft mit ein, bedeutet aber nicht zwangsläufig Martyrium.

Die Friedensdenkschrift der EKD gründet auf einer Verantwortungsethik. Aus Verantwortung sich selbst und anderen gegenüber

---

3   Eine ausführliche Diskussion der biblischen Stellen findet sich bei Meireis (2018).

ist man bereit, zu militärischer Gewalt zu greifen. Dies schließt die Übernahme von Schuld mit ein, die Denkschrift folgt hier der Theologie Dietrich Bonhoeffers:

> „Aber auch in Fällen, in denen alle Kriterien[4] erfüllt zu sein scheinen, ist es aus der Sicht christlicher Ethik problematisch und missverständlich, von einer ‚Rechtfertigung' des Gewaltgebrauchs zu sprechen. In Situationen, in denen die Verantwortung für eigenes oder fremdes Leben zu einem Handeln nötigt, durch das zugleich Leben bedroht oder vernichtet wird, kann keine noch so sorgfältige Güterabwägung von dem Risiko des Schuldigwerdens befreien." (EKD 2007, Ziff. 103)

Wie die badische Landeskirche greift die Friedensdenkschrift auf die Bergpredigt zurück und begründet mit ihr eine Ethik der Gewaltfreiheit – im Unterschied zur badischen Kirche nicht der unbedingten, sondern nur der vorrangigen Gewaltlosigkeit (vgl. EKD 2007, Ziff. 60). Biblisch wird in der EKD-Denkschrift Gewalt als *ultima ratio* mit Verweis auf Römer 13,1-7 legitimiert (vgl. EKD 2007, Ziff. 60). Exegetisch wird damit Römer 13 überstrapaziert.[5] Römer 13,1-7 ist Teil der Mahnungen in Römer 12-13, die eine geschlossene Argumentation bieten, daher darf der Abschnitt nicht kontextlos interpretiert werden, wie es die Friedensdenkschrift tut. Im Kontext ist Römer 13,1-7 vom Liebesgebot umschlossen und diesem untergeordnet. Voran geht die Mahnung zur Feindesliebe (Röm 12,1-21), und es folgt die Aussage, dass die Liebe dem anderen nichts Böses tut und die Erfüllung aller Gebote ist (Röm 13,8-10). Daran schließt eine endzeitliche Schlussmahnung an, ehrenhaft zu leben (Röm 13,11-14). Paulus hat dabei eine brennende Na-

---

4 Die Prüfkriterien der EKD-Denkschrift; vgl. Abschnitt 3.1 dieses Beitrages.

5 Zur Exegese von Römer 13 vgl. Friedrich et al. (1976) und Wilckens (1982, S. 28ff.).

herwartung: „Denn unser Heil ist jetzt näher als zu der Zeit, da wir gläubig wurden. Die Nacht ist vorgerückt, der Tag aber nahe herbeigekommen" (Röm 13,11f). Dahinter versteckt sich eine endzeitliche Relativierung des Staates, denn bei der Parusie vergeht die Herrschaft dieser Welt.[6] Dementsprechend ist die paulinische Aussage zum Staat in Römer 13 als eine abschätzende zu verstehen, in dem Sinne: „Was kümmert uns als christliche Gemeinde der Staat, wenn die Endzeit begonnen hat!" Im Blick hat Paulus die konkrete Situation der christlichen Gemeinde in Rom zu der Zeit von Kaiser Claudius, und er mahnt angesichts des kommenden Endes zur Unterordnung unter den Staat, um die Gemeinde nicht in Gefahr zu bringen.[7] Römer 13,1-7 ist in eine bestimmte historische Situation hineingeschrieben und von Paulus nicht als allgemeine Staatslehre gemeint. In der Annahme, dass die Parusie unmittelbar bevorsteht, hat der Apostel an dieser auch kein Interesse.

Auffällig ist eine Differenz in der dogmatischen Grundentscheidung zwischen der Friedensdenkschrift und dem badischen Friedenspapier. Die Denkschrift rezipiert Luthers Unterscheidung von Amt und Person. Das Gebot der Gewaltfreiheit der Bergpredigt gilt für den privaten Bereich (Person), nicht aber für den öffentlichen

---

6   Vgl. auch Paulus 1 Kor 2,6: „Wovon wir aber reden, das ist dennoch Weisheit bei den Vollkommenen; nicht eine Weisheit dieser Welt, auch nicht der Herrscher dieser Welt, die vergehen"; sowie 1 Kor 15,24: „danach das Ende, wenn er das Reich Gott, dem Vater, übergeben wird, nachdem er alle Herrschaft und alle Macht und Gewalt vernichtet hat".

7   Friedrich et al. (1976) denken an das Edikt des Kaisers Claudius, das Juden und Judenchristen wegen Unruhen aus Rom vertrieb. Nach Aufhebung des Claudiusediktes kehrten Judenchristen nach Rom zurück, aber es gab neuerlich Unmut. Paulus ruft zur Unterordnung auf, um den römischen Behörden keinen Anlass zum erneuten Eingreifen zu geben und nicht den Anschein zu erwecken, man verschwöre sich gegen Rom.

(Amt). Im Zusammenhang der *Confessio Augustana* (CA), dem Augsburgischen Bekenntnis von 1530, wird betont, dass im Rahmen einer legitimen Ordnung öffentliche Ämter von Christinnen und Christen ohne Sünde ausgeübt werden dürfen, auch wenn diese Ämter Gewalt miteinschließen. Die Denkschrift nimmt Bezug auf den 16. Artikel der *Confessio Augustana*, dass „Christen ohne Sünde […] rechtmäßig Kriege führen, in ihnen mitstreiten […] können" und unterstreicht damit explizit die Gültigkeit von CA 16. Genau diese wird von der badischen Landeskirche, einer unierten Kirche, abgelehnt. Nach dem Fall des Eisernen Vorhangs brach die badische Kirche mit der lutherischen Unterscheidung von Amt und Person in Bezug auf die Kriegsthematik, betonte die Zeitbedingtheit von Bekenntnissen und beschloss eine Neuinterpretation der CA 16, die seitdem in den badischen Bekenntnisschriften abgedruckt ist.[8] Die Landessynode beschloss am 25. Oktober 1990 konkret:

> „Das Zeitalter der Massenvernichtungswaffen macht unübersehbar klar, dass ein ‚gerechter Krieg' nicht möglich ist. Krieg scheidet darum als Mittel der Politik aus und darf nach Gottes Willen nicht sein. Dies wurde in zahlreichen Äußerungen unserer und anderer Kirchen in großer ökumenischer Übereinstimmung immer wieder ausgesprochen" (EKiBa 2014, S. 18).

Dieser Beschluss bekräftigt die Gründungserklärung des Ökumenischen Rates der Kirchen aus dem Jahr 1948, dass Krieg nach dem Willen Gottes nicht sein darf. Hat indes die Gründungserklärung das Mittel der Gewalt zugestanden, um Recht zur Geltung zu bringen, so geht der badische Bekenntnisbeschluss weiter: Krieg wird grundsätzlich als Mittel der Politik verbannt. Durch das Zitat „Krieg

---

8 Anlass war, dass sich 1989 Kirchenälteste weigerten, sich bei der Amtseinführung auf die Bekenntnisschriften der Reformation verpflichten zu lassen, weil sie die CA 16 ablehnten.

scheidet als Mittel der Politik aus und darf nach Gottes Willen nicht sein" nimmt das badische Friedenspapier implizit Bezug auf den Bekenntnisstand der badischen Kirche zum Frieden, zugleich präzisiert und schreibt es den Bekenntnisbeschluss von 1990 fort.

Statt einer Unterscheidung von Amt und Person greift das badische Friedenspapier in guter reformatorischer Tradition unmittelbar auf die Bibel zurück, vor allem auf die Bergpredigt. Die Friedensdenkschrift hat dagegen drei theologische Quellen: Sie greift erstens ebenfalls auf die Bergpredigt zurück, zweitens auf (eine exegetisch wenig überzeugende Auslegung von) Römer 13,1-7 sowie drittens auf die lutherische Lehre der Unterscheidung von Amt und Person (vgl. EKD 2007, Ziff. 60). Sie kommt von daher zu einer vorrangigen Option für Gewaltfreiheit und lässt zugleich den Einsatz militärischer Gewalt als äußerstes Mittel zu. Zwar bricht die Friedensdenkschrift mit der Tradition des gerechten Krieges, verbannt aber nicht seine Kriterien. Vielmehr bestehen diese in anderem Zusammenhang zur Legitimation von Militärgewalt fort. Das ist inkonsequent.

4.2   Friedenspolitische Aspekte

Das badische Friedenspapier erschöpft sich nicht in einer theologischen Ablehnung der Militärinterventionen, sondern führt auch friedenspolitische Einwände an. Es fragt nach eigenen geostrategischen Interessen bei deutschen Militäreinsätzen. Dabei verweist es auf die Verteidigungspolitischen Richtlinien aus dem Jahr 2011, die zu den militärischen Aufgaben auch die Ermöglichung eines freien und ungehinderten Welthandels und den Zugang zu natürlichen Ressourcen zählen (vgl. EKiBa 2014, S. 4). Das Friedenspapier unterstellt nicht, dass das Militär aus Eigeninteresse operiert, sondern dass die politischen Entscheidungsträger bei ihrer

Entscheidung über den Einsatz oder Nichteinsatz von Militär in einem Gewaltkonflikt unterschiedliche Maßstäbe anlegen.

Die Frage nach der Über- oder Allparteilichkeit deutscher Politik in Gewaltkonflikten ist heikel. Von außen kommend ist man zunächst in der Rolle, keine der Konfliktparteien zu sein. Ausgehend davon bestehen zwei Möglichkeiten: einerseits Partei zu ergreifen, andererseits die Interessen und Bedürfnisse aller am Konflikt beteiligten Akteure zu sehen und zu berücksichtigen und eine allparteiliche Haltung einzunehmen. Letzteres ist nicht einfach, denn Konflikte laden zur Parteinahme ein, suchen sich ihre Akteure gewissermaßen selbst und haben eine eigene Eskalationsdynamik (vgl. Luithlen 2015, S. 8). Für die deutsche Politik wird eine allparteiliche Haltung umso schwieriger, je stärker sie Eigeninteressen verfolgt und dem Druck befreundeter Regierungen ausgesetzt ist. Die Entwicklung einer langfristigen politischen Perspektive in einem Gewaltkonflikt verlangt aber unabdingbar eine umfassende Analyse des Konflikts unter Berücksichtigung des Eigenanteils am Konflikt. Erst auf dieser Grundlage sollte man aktiv werden, um dem Konflikt gerecht zu werden.

Nach der EKD-Friedensdenkschrift (2007, Ziff. 119) könne das Militär auch unterhalb der Schwelle militärischer Gewalt agieren. Wenn das Militär aber keine militärische Gewalt anwenden soll, bleibt zu fragen, ob es dann das Mittel der Wahl ist. Wäre in diesem Fall die Polizei nicht das angemessenere Instrument? Das badische Friedenspapier setzt auf *just policing*: „In Ergänzung zu gewaltfreien Mitteln der Konfliktbearbeitung sind allein rechtstaatlich kontrollierte polizeiliche Mittel ethisch legitim" (EKiBa 2014, S. 9).

Das Konzept des *just policing* haben Mennoniten und Katholiken gemeinsam entwickelt und in die ökumenische Diskussion eingebracht. Wichtig ist ihnen dabei, den polizeilichen Zwang klar von der militärischen Gewalt zu unterscheiden. Dagegen wird oft eingewendet, dass in Ländern des globalen Südens die Grenzen zwischen polizeilichen und militärischen Kräften immer mehr verschwimmen würden, auch die Ausstattung würde ähnlicher. Dennoch unterscheidet sich militärische Gewalt grundsätzlich von polizeilicher: Das Militär hat andere Waffensysteme als die Polizei. Militärische Waffen schaffen Tod und Verwüstung. Wer militärische Gewalt einsetzt, muss Kollateralschäden miteinschließen. Demgegenüber setzt der Einsatz von rechtsstaatlich kontrollierter Polizei auf eine Einhegung von Gewalt. Der Mennonit Fernando Enns (2013, S. 107) meint:

> „Eine solche internationale (!) Polizeikraft müsste kontrolliert sein durch das internationale Recht der internationalen Gemeinschaft, gebunden an die unbedingte Einhaltung der Menschenrechte. Sie würde nicht den Anspruch erheben, einen Konflikt zu lösen, sondern die Verwundbarsten vor unmittelbarer Gewalt zu schützen. Sie dürfte nicht als Partei oder Aggressor eingreifen oder so wahrgenommen werden, sondern allein auf Gewaltdeeskalation und -minimierung zielen und daher selbst so wenig Zwang wie möglich ausüben. [...] Dies erforderte eine völlig andere Ausstattung und Ausbildung, als die eines Militärs. Massenvernichtungswaffen haben hier keinen Raum".

Just policing ist kein Wundermittel, sondern hat Grenzen. Polizeiliche Gewalt ist nur bedingt ein geeignetes Instrument, wenn sie im Krieg auf militärische Gewalt antworten muss. Die FEST-Studie von Ines-Jacqueline Werkner diskutiert drei potenzielle Einsatzmöglichkeiten von *just policing*:

> „Theoretisch sind internationale Polizeieinsätze unter drei Prämissen vorstellbar: (1) als Ausdruck einer Weltinnenpolitik; (2) als (reaktive) Interventionsmaßnahme der internationalen Gemeinschaft bei einem Bruch des Weltfriedens sowie (3) als Präventivmaßnahme der internationalen Gemeinschaft bei einer Bedrohung des Weltfriedens" (Werkner 2017, S. 70).

Am erfolgversprechendsten schätzt die Studie die letzte Möglichkeit ein:

> „Letztlich muss es das Ziel sein, den Reaktionsmodus in der Konfliktbearbeitung zu überwinden. Gewaltminimierung lässt sich nur erreichen, wenn es gelingt, die Schwelle der militärischen ultima ratio zu verschieben. Ein präventiv gedachtes Just Policing hätte dazu das Potenzial und entspräche einem wirklichen Paradigmenwechsel in der Konfliktbearbeitung" (Werkner 2017, S. 73).

Das badische Friedenspapier verweist zum einen auf die Wirkungslosigkeit der militärischen Interventionen im Irak, in Afghanistan, Ex-Jugoslawien und Libyen, zum anderen auf die Erfolge gewaltfreier Revolutionen in Tunesien, Ägypten und Liberia sowie in der DDR (vgl. EKiBa 2014, S. 4, 7). Wenn man sicher über den Einzelfall streiten mag, so ist doch die Skepsis des Effektes militärischer Interventionen nicht unbegründet. Die Wirksamkeit von Gewalt werde von Politik und Gesellschaft überschätzt, so der Vorwurf des badischen Friedenspapiers. Es beruft sich dabei auf eine Studie der Friedensforscherinnen Erica Chenoweth und Maria J. Stephan aus dem Jahr 2011 zur Wirksamkeit gewaltfreier und gewaltsamer Formen des Kampfes (vgl. EKiBa 2014, S. 10) „Why Civil Resistance Works – The Strategic Logic of Nonviolent Conflict". Die beiden Autorinnen legen eine empirische Studie aller Aufstände zwischen 1900 und 2006 vor, die sich gegen Diktaturen wandten, eine Besatzung beendeten oder eine Sezession als Ziel hatten. Die Studie kommt zu dem Ergebnis, dass gewaltlose Bewegungen doppelt so erfolgreich seien als gewaltsame. Dieser Trend habe sich in den letzten 50 Jahren verstärkt. Die Erfolgswahrscheinlichkeit bei gewaltfreien Mitteln sei immer höher als bei gewaltsamen, selbst bei globalen Zielen wie dem Wechsel des Regimes oder der Befreiung von einer Besatzungsmacht.

Die Friedensdenkschrift der EKD hat bei der *ultima ratio* dagegen weniger gewaltfreie innerstaatliche Bewegungen im Sinn als vielmehr Militärinterventionen in ausländische Staaten. Insbesondere denkt die Denkschrift an humanitäre Interventionen, das heißt an militärisches Eingreifen in fremde Staaten, um dessen Staatsangehörige vor existenzieller Bedrohung und gravierendsten Menschenrechtsverletzungen zu schützen. Zur Wirksamkeit von humanitären Militäreinsätzen gibt aus dem Jahr 2013 eine umfassende „Bestandsaufnahme der humanitären militärischen Interventionen zwischen 1947 und 2005" der Politikwissenschaftler Thorsten Gromes und Matthias Dembinski von der Hessischen Stiftung Friedens- und Konfliktforschung. Die Studie beschäftigt sich mit der Frage, ob sich durch militärische Einsätze tatsächlich Fremde schützen lassen. Die Untersuchung stellt zwar fest, dass innerhalb eines halben Jahres nach Beginn der militärischen Intervention jeder dritte Krieg und Genozid beendet würde. Freilich zeige der Blick auf eine Vergleichsgruppe gewaltsamer Konflikte, dass auch ohne Militärintervention jeder dritte Konflikt in einem vergleichbaren Zeitraum beendet würde. Auch bei der mittelfristigen Entwicklung von Gewaltkonflikten zeigen sich keine signifikanten Differenzen zwischen Fällen mit und ohne Militärinterventionen. Es lässt sich empirisch festhalten, dass die Erfolgswahrscheinlichkeiten bei humanitären Interventionen, vorsichtig ausgedrückt, unklar sind. Bei anderen militärischen Interventionen steht zu vermuten, dass die Erfolgsaussichten erkennbar schlechter sind, hierfür sprechen allein die Beispiele missglückter Militärinterventionen, die das badische Friedenspapier aufzählt.

Die Friedensdenkschrift geht a priori von der Wirksamkeit militärischer Interventionen zur Beendigung von Gewalt aus und verlangt diese gar als notwendiges Kriterium der Verhältnismäßigkeit der Mittel:

> „Das Mittel der Gewalt muss [...] geeignet, d. h. aller Voraussicht
> nach hinreichend wirksam sein, um mit Aussicht auf Erfolg die
> Bedrohung abzuwenden oder eine Beendigung des Konflikts
> herbeizuführen" (EKD 2007, Ziff. 102).

Angesichts des empirischen Befundes scheint die Friedensdenkschrift die Möglichkeiten militärischer Gewalt nicht nur nicht
zu hinterfragen, sondern auch zu überschätzen. Dies kann psy-
chologische Gründe haben. Eskalierte Gewaltkonflikte rufen
Ohnmachtsgefühle hervor. „Zuschauen versus Eingreifen" wird
dann oft als entgegengesetzte Handlungsoption postuliert. Wobei man mit „Eingreifen" ein militärisches Eingreifen meint,
mit „Zuschauen" gewaltfreie Konfliktbearbeitung. Man will das
Gefühl der Hilflosigkeit mit Aktionen überwinden. Freilich ist
das eine Fehlalternative, denn sowohl bei militärischen als auch
bei gewaltfreien Interventionen handelt es sich um eine Form des
Eingreifens. Gewaltfreiheit ist nicht gleichbedeutend mit Passivität.
Zivile Konfliktbearbeitung versteht Gewaltfreiheit als aktives Tun,
um aus der Spirale der Gewalt auszusteigen und Handlungsräume
zu eröffnen mit dem Ziel, Konflikte zu lösen. In der christlichen
Friedensbewegung in Deutschland hat sich in den letzten 30
Jahren eine Professionalisierung herausgebildet. Die Methoden
ziviler Konfliktbearbeitung wurden weiterentwickelt und sind
vielfältig, genannt seien nur: Konflikt-Mediation, Prävention von
Gewalt, Friedenskonsolidierung nach bewaffneten Konflikten zur
Vorbeugung eines neuerlichen Gewaltausbruchs, Monitoring von
Menschen- und Bürgerrechten sowie ziviles *peacekeeping*. Bei zi-
vilem *peacekeeping* geht es um den Schutz von Zivilistinnen und
Zivilisten in Konfliktsituationen durch andere Zivilistinnen und
Zivilisten. Diese sind unbewaffnet, vor Ort präsent und wenden
zivile Instrumente an, um Gewalt zu verhindern oder zumindest
die Schutzbefohlenen vor den Auswirkungen dieser Gewalt zu
bewahren. Solche Instrumente sind beispielsweise gewaltfreies

Dazwischentreten (*interpositioning*), Schutzpräsenz (*presence*) und Schutzbegleitung (*accompaniment*). Die Grundüberzeugung ziviler Konfliktbearbeitung ist: Gewaltfrei ist viel möglich.

Im Vergleich zu militärischer Rüstung wird in Deutschland nur ein verschwindender Bruchteil öffentlicher Mittel für zivile Konfliktbearbeitung ausgegeben. Von daher muss sich jeder Ruf nach Gewalt die Frage gefallen lassen, ob die militärische Form des Eingriffs tatsächlich das äußerste Mittel ist oder nur der Einfachheit geschuldet ist, dass militärische Mittel greifbar sind. Rüstung erzeugt eine Illusion. Die Botschaft ist: „Bist du gut gerüstet, kannst du Probleme lösen". Die Botschaft der Gewaltlosigkeit dagegen lautet: „Gewalt löst keine Probleme".

Susanne Luithlen (2015, S. 15), Leiterin der Akademie für Konflikttransformation im Forum Ziviler Friedensdienst, meint hierzu:

> „In der Diskussion über die Notwendigkeit des Gewalteinsatzes ist die Gewaltfreiheit in der Regel in der Defensive. Die unterstellte Wirksamkeit militärischer Gewalt als Ultima Ratio wird als wahr vorausgesetzt. Wie die Feuerwehr gegen Feuer eingesetzt wird, so soll notfalls mit Gewalt der Gewalt Einhalt geboten werden. Doch während die Feuerwehr tatsächlich gut ausgerüstet ist, Feuer zu löschen – mit Wasser oder Schaum, nicht mit Benzin oder Öl – und die Erlösung aus den Ohnmachtsgefühlen real ist, stellt sich die Frage, ob Ähnliches auch für militärische Gewalt zum Beenden von Gewalt gilt; ob Gewalt tatsächlich das letzte Mittel ist, für das sie gehalten wird und was sie überhaupt zur Rettung von Menschen vor Gewalt leisten kann. [...] Wenn es stimmt, dass die Gewaltoption uns von Ohnmachtsgefühlen entlasten soll, dann ist eine chronische Überschätzung ihres Potentials wahrscheinlich".

Auch wenn Ohnmacht im Angesicht eskalierter Gewalt sehr schwer aushaltbar ist, so ist Gewalt nicht das angemessene Mittel, für das die Friedensdenkschrift es hält. Durch Gewalt entflieht man Ohnmachtsgefühlen, freilich nicht durch die Lösung des Problems, sondern durch Reduktion von Komplexität und Demonstration von Handlungsfähigkeit sich selbst und anderen gegenüber (vgl. Luithlen 2015, S. 16). Diese Vereinfachung des Konfliktes ist einer Problemlösung eher hinderlich als hilfreich.

Es stellt sich letztlich die Frage, ob die *ultima ratio* in der politischen Realität nicht ein Mythos darstellt. Wenn man sich die konkreten Gewaltkonflikte anschaut, wurden vor einer deutschen Militärintervention eigentlich nie alle erfolgversprechenden zivilen Mittel, *just policing* inklusive, ausgeschöpft. Gewalt ist damit nicht das äußerste Mittel, wie aus Legitimationsgründen vorgegeben wird. Zudem ist seine Wirksamkeit fraglich. Theologisch folgt aus dem biblischen Befund eine Option für Gewaltfreiheit. Die Friedensdenkschrift möchte Gewaltlosigkeit und *ultima ratio* zusammenbinden; diese Verbindung scheint eine Quadratur des Kreises zu sein. Zusammenfassend heißt dies: Militärische Interventionen sollten geächtet werden. Die *prima ratio* der gewaltfreien zivilen Konfliktbearbeitung ist zu stärken. Die Handlungsmaxime „si vis pacem para pacem" muss durchgehend und ausnahmslos gelten.

Literatur

Augsburger Bekenntnis. 1530. https://www.ekd.de/Augsburger-Bekenntnis-Confessio-Augustana-13450.htm. Zugegriffen: 18. März 2018.

Brockhaus. 1895. Artikel: Ultima ratio regum. In *Brockhaus Konversationslexikon, Bd. 16*, 55. 14. Aufl. Leipzig: Brockhaus Verlag.

Chenoweth, Erica und Maria J. Stephan. 2011. *Why Civil Resistance Works – The Strategic Logic of Nonviolent Conflict*. New York: Columbia University Press.

Dembinski, Matthias und Thorsten Gromes, 2013. *Bestandsaufnahme der humanitären militärischen Interventionen zwischen 1947 und*

2005. Frankfurt a. M.: HSFK. https://www.hsfk.de/fileadmin/HSFK/
hsfk_downloads/report0213.pdf. Zugegriffen: 18. März 2018.

Enns, Fernando. 2013. Gerechter Frieden zwischen Interventionsverbot
und Schutzgebot – Das ethische Dilemma der Gewaltanwendung. In
*Menschen geschützt – gerechten Frieden verloren? Kontroversen um die
internationale Schutzverantwortung in der christlichen Friedensethik*,
hrsg. von Ines-Jacqueline Werkner und Dirk Rademacher, 95–109.
Münster: LIT.

Evangelische Kirche in Deutschland (EKD). 2007. *Aus Gottes Frieden leben,
für gerechten Frieden sorgen – Eine Denkschrift des Rates der Evangelischen Kirche in Deutschland*. Gütersloh: Gütersloher Verlagshaus.

Evangelische Landeskirche in Baden (EKiBa) (Hrsg). 2014. *Richte unsere
Füße auf den Weg des Friedens (Lk 1,79) – ein Diskussionsbeitrag aus
der Evangelischen Landeskirche in Baden*. Karlsruhe: Evangelische
Landeskirche in Baden.

Friedrich, Johannes, Wolfgang Pöhlmann und Peter Stuhlmacher. 1976.
Zur historischen Situation und Intention von Röm 13,1-7. *Zeitschrift
für Theologie und Kirche* 73 (2): 131–166.

Keller, Andrea. 2012. *Cicero und der gerechte Krieg – Eine ethisch-staat-
sphilosophische Untersuchung*. Stuttgart: Kohlhammer.

Luithlen, Susanne. 2015. *Unwirksam und hilflos? – Zivile Konfliktbearbeitung als Handlungsprinzip in eskalierten Gewaltkonflikten*. Köln:
Forum Ziviler Friedensdienst e. V.

Meireis, Torsten. 2018. Liebe und Gewalt. Hermeneutische Erwägungen
zur Rekonstruktion eines theologischen Gewaltdiskurses. In *Gewalt
in der Bibel und in kirchlichen Traditionen*, hrsg. von Sarah Jäger und
Ines-Jacqueline Werkner, 35–51. Wiesbaden: Springer Verlag.

Werkner, Ines-Jacqueline. 2017. Just Policing – Eine Alternative zur
militärischen Intervention? *epd-Dokumentation* Nr. 22 vom 30. Mai
2017: 4–86.

Wilckens, Ulrich. 1982. *Der Brief an die Römer (Röm 12-16). Evange-
lisch-Katholischer Kommentar zum NT VI/3*. Neukirchen-Vluyn:
Neukirchener Verlag.

Das Dogma von der Ethik des Gewaltverzichts

Eine Replik zu Vincenzo Petracca

Wolfgang Schulenberg[1]

1 Der radikale Pazifismus und seine Grenzen

In der zivilisierten Welt vernunftbegabter Menschen gilt: Frieden ist der wunschgemäße Zustand. Diese Überzeugung resultiert – gerade für Deutschland – nicht nur aus den blutigen Erfahrungen des letzten Jahrhunderts oder der Apokalypse des 30-jährigen Krieges, sondern auch aus einer Geschichte, die überhaupt und ganz besonders durch die Wegmarken der Kriege bestimmt wurde. Insofern ist zunächst jede individuelle Entscheidung zur Gewaltlosigkeit uneingeschränkt zu begrüßen. Meinungsverschiedenheiten und Konflikte werden friedlich geregelt. Jeder, der sich an dieses Gebot der Menschlichkeit hält, macht unsere Welt ein bisschen besser.

---

1 Der Beitrag gibt die ausschließlich persönliche Auffassung des Verfassers wieder. Es handelt sich nicht um eine Stellungnahme oder die Widergabe des Standpunktes des Bundesministeriums der Verteidigung oder der Bundeswehr.

© Springer Fachmedien Wiesbaden GmbH, ein Teil von Springer Nature 2019
I.-J. Werkner und P. Rudolf (Hrsg.), *Rechtserhaltende Gewalt – zur Kriteriologie*, Gerechter Frieden, https://doi.org/10.1007/978-3-658-22946-7_4

Wird man dennoch Opfer von Gewalt, wird das so einvernehmlich Postulierte ganz plötzlich schwierig: Es gehört viel Charakter, Überzeugung und oft genug auch Glaube dazu, Entwürdigung, Machtlosigkeit oder gar physische Gewalt zu erdulden. Um es hier ungeschönt auszusprechen: Es geht nicht um das Leiden eines wehrlosen Wesens – schrecklich, aber mangels Möglichkeit einer Abwehr auch ohne Alternative. Wir sprechen von der bewussten Entscheidung, Gewalt „aktiv" zu ertragen, obwohl man sich dagegen wehren könnte. Wer sich aus seiner Überzeugung heraus mit Gewalt überziehen, ja auch verstümmeln, abschlachten und vergewaltigen lässt, um nicht selbst zum Gewalttäter zu werden, der verdient den größten Respekt. Um wie viel schwieriger wird es aber, wenn man nicht für sich allein, sondern für seine Mitmenschen, Schutzbefohlenen oder Kinder mitentscheiden muss? Lässt sich moralisch vertreten, dass diese verstümmelt, abgeschlachtet und vergewaltigt werden, um nicht selbst durch die Anwendung von Gewalt zur Abwehr dieser gegenwärtigen und rechtswidrigen Angriffe Schuld auf sich zu laden? Der Respekt wäre hier keineswegs mehr sicher, weil der Preis für das lautere Streben in den Augen der weitaus meisten nicht mehr vertretbar erschiene.

Unsere Rechtsordnung bietet Ansatzpunkte zur Orientierung: Eine Pflicht zur individuellen Notwehr besteht keineswegs. Gleichwohl beschränkt das deutsche Strafrecht unter bestimmten Umständen den Handlungsbegriff nicht nur auf das aktive Tun im Sinne eines bewussten und gewollten Handelns oder das Verursachen eines Erfolgs in der Außenwelt. Es schließt zum Beispiel im § 13 StGB ausdrücklich auch das Unterlassen eines aktiven Tuns ein. Nicht nur das Handeln kann strafbar sein, sondern beim Vorliegen definierter Bedingungen auch das Nicht-Eingreifen in einen Kausalprozess (vgl. Fischer 2011, RN 3). Das gilt besonders, wenn der Täter zum Beispiel als Beschützergarant für die seiner Obhutspflicht unterliegenden Personen zur Abwendung der

Rechtsgutbeeinträchtigung verpflichtet gewesen wäre.[2] Wer also die Gefahr für die ihm Schutzbefohlenen nicht abwehrt, obwohl er dazu in der Lage ist, wird selbst zum Straftäter.

2   Von der Ethik staatlicher Gewaltanwendung

Für ein staatliches Gemeinwesen gilt der Befund, wonach ein prinzipieller Gewaltverzicht nicht vertretbar ist, in noch deutlicherer Weise: In einer nicht idealen Welt ist das Bestehen einer wirksamen Staatsgewalt Garant dafür, dass die archaische Macht des Stärkeren nicht das regelsetzende Paradigma für die Lebensführung des Einzelnen darstellt. Erst die staatliche Garantie, auch mit Gewalt die Sicherheit des Einzelnen zu garantieren, kann jenen davon abhalten, seine Rechte durch individuelle Gewaltanwendung durchzusetzen.[3]

Mit der Übertragung des Gewaltmonopols auf den Staat wird dieser zum Inbegriff des Garanten für die physische Existenz und die grundsätzlichen Rechte seiner Bürger. Dies setzt ein rechtlich geregeltes, die Würde achtendes und auf das erforderliche Maß beschränkte Quantum an staatlicher Gewalt voraus (vgl. Stöhr 2011,

---

2   § 13 StGB Abs. 1: „Wer es unterlässt, einen Erfolg abzuwenden, der zum Tatbestand eines Strafgesetztes gehört, ist nach diesem Gesetz (nur dann strafbar), wenn er rechtlich dafür einzustehen hat, dass der Erfolg nicht eintritt, und wenn das Unterlassen der Verwirklichung des gesetzlichen Tatbestandes durch ein Tun entspricht."

3   Siehe dazu auch Martin Luther (1897 [1526], S. 648, 13–15): „Ein jeglicher Herr und Fürst ist schuldig, die Seinen zu schützen und ihnen Frieden zu schaffen. Das ist sein Amt, dazu hat er das Schwert."

S. 1f.). Dies gilt auch für den Schutz der Bürger des Staates, wenn sie außerhalb des Staatsgebietes in Lebensgefahr und Not geraten.[4]

Die individuelle Entscheidung zu Friedfertigkeit und Gewaltverzicht setzt gleichsam bis auf weiteres voraus, dass es einige auf sich nehmen, notfalls im Auftrag aller und zum Wohle der Gesellschaft Gewalt anzuwenden. Sie sind es, die eine Herrschaft der Skrupellosesten und Gewalttätigsten über die Schwächeren und freiwillig auf die Anwendung von Gewalt verzichtenden Menschen unterbinden und sich selbst zum bevorzugten Ziel widerrechtlicher Gewaltanwendung machen. Im Gegenzug müssen sie sicher sein dürfen, sich dafür nicht noch Vorwürfen aussetzen zu müssen.

Natürlich gilt es, das Gleichgewicht zwischen der Freiheit und dem richtigen Maß an staatlicher Gewalt immer wieder neu auszubalancieren. Offenkundig ist auch, dass natürlich das Werkzeug fehlerbehaftet sein und darüber hinaus missbraucht werden kann: Die Hoheitsträger eines Staates können korrupt oder Teil eines Herrschaftssystems sein, welches die Macht von wie auch immer gearteten Cliquen, Klassen, Ethnien, Religionen etc. garantieren. Selbstverständlich gibt es auch Fälle, in denen deutsche Ordnungshüter gegen das Recht verstoßen oder durch ihre politischen Führer unverhältnismäßig eingesetzt werden. – Und dennoch: Soweit diese Analyse ausschließlich die innere Sicherheit betrifft, würde für Deutschland sicher weitgehend in den grundsätzlichen Überlegungen Konsens zu erzielen sein. Zu gut sind in der weit überwiegenden Zahl die Erfahrungen mit den

---

4   Z. B. auch, wenn diese Opfer einer Geiselnahme werden. Nicht umsonst gilt der Eid der Soldatinnen und Soldaten der Bundeswehr nicht einem Staatsoberhaupt oder Oberbefehlshaber, sondern dem Recht und der Freiheit des Souveräns selbst: „Ich schwöre, der Bundesrepublik Deutschland treu zu dienen und das Recht und die Freiheit des deutschen Volkes tapfer zu verteidigen, so wahr mir Gott helfe."

deutschen Ordnungshütern, zu konkret ist die eigene Betroffenheit oder Wahrnehmung, zu unmittelbar die Drohung der Alternative.

3 *Miles gloriosus* oder Buhmann der Nation? Militärische Gewalt im Rechtsstaat

Momentan gibt es wenig Anlass anzunehmen, dass es für große Gemeinschaften wirklich praktikable Alternativen zu staatlichen Ordnungen gibt. Selbst eine Union überwindet diese realiter nicht, sondern vergrößert das Gemeinwesen über die Grenzen der ursprünglichen Einzelstaaten hinaus. Auch und gerade die Staatsgewalt ist zwingendes definitorisches Merkmal jeglichen Staatswesens.[5] Solange es Staaten gibt, haben die staatlichen Sicherheitsorgane zunächst die Existenz desselben gegen äußere und innere Bedrohungen zu sichern.[6] Endet ihre Fähigkeit zum Schutz der staatlichen Souveränität, löst sich der Staat als Garant der Freiheitsrechte seiner Bürger auf.

Auch für die Bundesrepublik Deutschland mit ihrem sowohl vertikal als auch horizontal auf Gewaltbegrenzung hin ausgerichteten politischen System, mit ihren machtbegrenzenden Gewaltenteilungen, den Kontrollmechanismen und den die Sicherheitsorgane

---

5 Vgl. hierzu die Drei-Elemente-Lehre zur Staatstheorie von Georg Jellinek (1959 [1900]): Staatsgebiet, Staatsvolk, Staatsgewalt.

6 Was für den möglichen Missbrauch staatlicher Gewalt gilt, trifft für die militärische ebenfalls zu. Auch sie kann für die Erhaltung oder Erlangung der Macht von wenigen, zur Durchsetzung rassistischer, fundamental-religiöser oder anderer Ziele oder z. B. zur Erlangung von Ressourcen, Drogen oder Territorien missbraucht werden. Manche Machthaber haben sogar bewiesen, dass sie zur Durchsetzung ihrer Ziele selbst vor dem Einsatz von Massenvernichtungswaffen gegen die eigene Bevölkerung nicht zurückschrecken.

sehr eng bindenden rechtlichen Vorgaben gilt: Wer ihre Existenz und ihre Staatsfundamentalprinzipien angreift, handelt verfassungswidrig und muss zu Recht erwarten, dass die demokratisch legitimierte Ordnung diesem entgegentritt. Zur Abwehr einer drohenden Gefahr für den Bestand der Bundesrepublik Deutschland, der freiheitlich-demokratischen Grundordnung oder eines Landes kann in Extremfällen sogar im Inneren der Einsatz militärischer Gewalt (zum Beispiel zur Bekämpfung militärisch organisierter und bewaffneter Aufständischer) gemäß Art. 87a Abs. 4 GG zulässig sein, wenn die Kräfte der Polizeien von Bund und Ländern nicht ausreichen sollten.

Über inzwischen fast drei Jahrzehnte war in der deutschen Perspektive die grundsätzlichste Existenzsicherung des Staates – die gegen äußere Bedrohungen – praktisch aus dem öffentlichen Bewusstsein verschwunden. Ohne echte Bedrohung, in einem zusammenwachsenden Europa und in einem starken Verteidigungsbündnis fest verankert gab es dazu wenig Anlass. Mit der Zäsur der Annexion der Krim hat Russland den als gesetzt geltenden und völkerrechtlich normierten Konsens, wonach die Grenzen souveräner Nachbarstaaten nicht durch den Einsatz von Waffengewalt verschoben und Territorien nicht mit Verweis auf das Recht des Stärkeren annektiert werden dürfen, aufgekündigt. Dieser Akt hat nachhaltige Wirkung – besonders auf die kleineren Staaten Nordost-, Ost- und Südosteuropas – ausgeübt. Und nicht nur auf diese. Mit der in Kürze zu erwartenden Veröffentlichung der Neufassung der Konzeption der Bundeswehr wird die schon im Weißbuch 2016 erkennbare, stärkere Akzentuierung der Landes- und Bündnisverteidigung an Profil gewinnen. Ein breiter und gesamtgesellschaftlicher Diskurs dazu wäre auch jenseits des NATO-Zwei-Prozent-Zieles – und damit auch über die finanziellen Aspekte dieser Entwicklung hinaus – wünschenswert.

Schon zuvor hatte sich gezeigt, dass die sicherheitspolitische Idylle und Integration in weiten Teilen Europas (aber auch in anderen Teilen der Welt wie in Nordamerika oder Australien) nicht auf den Rest der Welt übertragbar ist. Mit dem Ende der Ost-West-Konfrontation brachen auch in Europa Konflikte aus, die zuvor zum Teil Jahrzehnte geschwelt hatten.

Immer wieder folgte das Dilemma, dem Mord an Hunderttausenden wie zum Beispiel in Bosnien oder später Ruanda zuschauen zu müssen, da diplomatische oder andere Mittel der Konfliktbewältigung keinen Erfolg oder zumindest nicht schnell genug Wirkung zeitigten, oder aber das Ende der Gewalt durch die Androhung oder Anwendung militärischer Gewalt zu erzwingen. Am prägnantesten zeigte sich dieses Ringen unter dem Eindruck der Realität im inneren Widerstreit des – dem Pazifismus verpflichteten – damaligen und gerade neuen Außenministers Joschka Fischer zur Frage des militärischen Eingreifens im Kosovokonflikt.[7]

Bis heute wird – zu Recht immer wieder und für jeden Einzelfall – der Einsatz militärischer Gewalt zur Einhegung oder Beendigung schwerster Menschenrechtsverletzungen und von Völkermord breit diskutiert. Dass jeder Einsatz deutscher Streitkräfte mit wenigen Ausnahmen einen Bundestagsbeschluss mit vorheriger Debatte erfordert, trägt der Bedeutung einer derartigen Verwendung von Streitkräften Rechnung.

---

7   Der Außenminister sagte am 7. April 1999: „Ich habe nicht nur gelernt: Nie wieder Krieg. Ich habe auch gelernt: Nie wieder Auschwitz!" und argumentierte ähnlich auf dem anlassbezogenen Parteitag der Grünen in Bielefeld am 13. Mai 1999.

4   Der badische Friedensprozess – praktikabler Weg oder Utopie?

Der von Vincenzo Petracca differenziert und vielschichtig be-
schriebene badische Friedensprozess (vgl. EKiBa 2013) kondensiert
die fundamental-kritische Position innerhalb der Evangelischen
Kirche in Deutschland (EKD) hinsichtlich der Legitimität und des
Nutzens militärischer Gewalt. Im Kern manifestiere sich die Kritik
am Konsens der EKD-Friedensdenkschrift aus dem Jahr 2007: Zwar
bekräftige dieser die vorrangige Option für Gewaltfreiheit, lasse
aber zum Schutz von Recht und Leben auch den Gebrauch von Gegengewalt zu. Im zunächst in Baden angestoßenen Friedensprozess
werde nun der Weg zum Frieden neu akzentuiert: Aus der vorrangigen Option für Gewaltfreiheit werde eine ausschließliche. Damit
wird der Kompromiss, wonach in einer nach wie vor friedlosen,
unerlösten Welt Waffenverzicht wie Militärdienst gleichermaßen
im Gewissen und voreinander verantwortete Entscheidungen vo-
raussetze, faktisch aufgekündigt.[8] Freilich werde der Ausstieg aus
der militärischen Friedenssicherung als Prozess mit mittelfristiger
Perspektive gesehen. Ohne das Gewaltmonopol des Staates an
sich infrage zu stellen, sei ein dem Kernausstieg vergleichbares

---

[8]   Die Ablehnung der Anwendung militärischer Gewalt bezieht sich dabei
      offenbar nicht nur auf den Einsatz von Soldaten in internationalen
      Konflikten: In der Genese der Position der badischen Landeskirche
      wird mehrfach darauf hingewiesen, dass bereits 1989 „im Zeitalter
      der Massenvernichtungswaffen" – also mit Blick auf die Landes- und
      Bündnisverteidigung der Zeit – mit dem 16. Artikel der Confessio
      Augustana gebrochen worden sei. Krieg scheide somit als Mittel der
      Politik aus und dürfe nach Gottes Willen nicht sein. Damit wird nicht
      nur militärischen Einsätzen gem. Art. 24 II GG, sondern auch z. B. der
      individuellen bzw. bündnisgemeinsamen Verteidigung gem. Art. 51
      der Charta der Vereinten Nationen eine Absage erteilt: „Krieg wird
      grundsätzlich als Mittel der Politik verbannt."

und gegebenenfalls europäisch abgestimmtes Szenario zum mittelfristigen Ausstieg aus der militärischen Friedenssicherung und deren Ersatz durch eine Zivile zu entwerfen.

Das badische Friedenspapier setzt auf *just policing*: Allein rechtsstaatlich kontrollierte polizeiliche Mittel seien ethisch legitim und ermöglichten gegenüber dem Militär eine Einhegung von Gewalt. Demgegenüber brächten militärische Waffen Tod und Verwüstung und verursachten Kollateralschäden. Die Wirkungslosigkeit militärischer Interventionen werde auch durch die Erfahrungen im Irak, in Afghanistan, Ex-Jugoslawien und Libyen bestätigt. Darüber hinaus endeten laut einer Studie ebenso viele Gewaltkonflikte von selbst wie nach einer militärischen Intervention, wenn auch die Gewaltintensität und die Zahl der Toten durch die Intervention signifikant sinke. Auch mittelfristig sehe dies nicht anders aus: Betrachte man konkrete Gewaltkonflikte, sei immer wieder festzustellen, dass vor deutschen Militärinterventionen eigentlich nie alle anderen Mittel einschließlich *just policing* ausgeschöpft worden seien. Daher sei mit Blick auf die realpolitische Praxis die *ultima ratio* als letztes beziehungsweise äußerstes Mittel ein Mythos.

Für mich als Soldat ist es selbstverständlich und richtig, dass die Frage nach der ethischen Legitimität unseres Handelns diskutiert und auch für jeden Einsatz immer wieder neu gestellt wird. Daher erscheint es lohnend, einige der kritischen Argumente zur Legitimität militärischer Gewalt aus ganz persönlicher Sicht zu kommentieren:

Zunächst muss man sich bewusst machen, dass militärische Gewalt die höchste Eskalationsstufe darstellt. Insofern ist sie als äußerstes staatliches Mittel zur Abwehr schwerster Bedrohungen für höchstrangige Rechtsgüter – und im Unterschied zum Beispiel zu jener der Polizeien des Bundes und der Länder – systemgemäß auf Distanz angelegt, bedarf keiner Duellsituation und ist in letzter Konsequenz tödlich. Dies klingt schrecklich und technokratisch, bildet jedoch naturgemäß die Grundlage wirkungsvoller Abschreckung potenzieller Angreifer, wie auch die Drohung mit Polizeigewalt und Strafgewalt darauf angelegt ist, den kriminellen Angreifer von seinem Schädigungsvorsatz abzubringen. Wenn man sich aber vor Augen hält, dass militärische Gewalt besonders dann zum Einsatz kommt, wenn der Angreifer – ob klassisch von außen, durch militärisch organisierte und bewaffnete Banden im Inneren oder durch Konfliktparteien im Einsatz – über eben diese militärischen Waffen verfügt, wird schnell klar: Ein Polizist hat gegen einen militärischen Gegner keine Überlebenschance. Daran ändern auch die geschützten Fahrzeuge oder Sturmgewehre (nach polizeilicher Logik „Mitteldistanzwaffen") nichts. Das sind Einsatzmittel gegen Terroristen oder Schwerkriminelle, nicht aber gegen Artillerie, Raketen oder Kampfflugzeuge. Keinem der Achtung der Menschenwürde verpflichteten Staat ist es jedoch erlaubt, seine Bediensteten schutzlos der persönlichen Vernichtung auszusetzen. Würde man demgegenüber die Polizei mit entsprechenden Wirkmitteln gegen einen militärischen Gegner durchsetzungsfähig machen, wäre sie nach unserem Rechtsverständnis keine Polizei mehr.[9]

Polizeikräfte mit Kombattantenstatus und einer recht robusten Ausstattung (wie zum Beispiel die *Carabineri* in Italien, die *Gendarmerie nationale* in Frankreich, die *Guardia Civil* in Spanien oder die *Jendarma* in der Türkei) stellen als Instrumente der Politik eine Sonderform dar. Gegen einen echten militärischen Gegner können auch solche Verbände nicht bestehen, sind aber doch durchsetzungs-

---

9   Insofern ist Vincenzo Petracca zuzustimmen, dass militärische und polizeiliche Gewalt zunächst grundverschieden sind und *just policing* keineswegs ein Allheilmittel darstellt. Der Versuch, über einen solchen Kunstgriff die Brücke zwischen den Überzeugungen grundverschiedener Flügel innerhalb der EKD herzustellen, wird m. E. in völliger Übereinstimmung mit Petracca abgelehnt.

fähiger und dürfen anders als „normale Polizeien" als Kombattanten an Kampfhandlungen teilnehmen. Bis 1994 galt dies auch für den Bundesgrenzschutz, welcher – den Willen vorausgesetzt – zu einer Gendarmerie hätte weiterentwickelt werden können. Diese aus der Rückschau sicher sehr überlegenswerte Option wurde allerdings vertan. Sicher lässt sich dahingehend anführen, dass es seinerzeit keine Notwendigkeit dafür zu geben schien. Andererseits zog dann bereits am 22. Dezember 1995 das deutsche Vorauskommando des NATO-Einsatzes nach Bosnien. Nun war es an der Bundeswehr, notgedrungen und je länger die Einsätze dauerten umso mehr, polizeiliche Aufgaben wahrzunehmen: auf dem Balkan, in Afrika und lange auch in Teilen Afghanistans. Dass dies über Jahrzehnte nahezu reibungslos funktionierte, erscheint erstaunlich. Das sollte auch von all jenen nicht ignoriert werden, die sich in der berechtigten Diskussion um die Begrenzung von Gewalt sowie die Vermeidung von Fehlentscheidungen und Kollateralschäden eine Entgrenzung von Gewalt durch das militärische Instrument in Anschlag bringen.[10] Prinzipiell geben die jeweiligen *Rules of Engagement* als Annex E der Operationsbefehle Beschränkungen des völkerrechtlichen Rahmens vor. Die Logik, der Einsatz von Militär führe zwangsläufig zur Eskalation, ist ein Trugschluss, wie zum Beispiel die Stabilisierung im Kosovo zeigt. Es erfordert aber viel Geschick, mit einem für andere Fälle immer wieder bis

---

10 Dies gilt vor allem vor dem Hintergrund, dass sich die Gegner (meist Aufständische, aber auch jugoslawische Truppen im Kosovo usw.) bewusst in der Zivilbevölkerung verbergen und absichtlich versuchen, Fehlentscheidungen und Kollateralschäden herbeizuführen. Der Einstellungsbeschluss der Generalbundesanwältin Harms im Fall Oberst Klein vom 16. April 2010 (Bombardierung eines Tanklastzuges in Kunduz am 4. September 2009) wird bis heute in der Diskussion weitgehend ignoriert, obwohl er eine zentrale Quelle darstellt.

ins Letzte scharf geschliffenen Schwert Routinearbeit zu versehen, ohne sich an der scharfen Klinge zu verletzen.

Bevor die Frage nach der Verhältnismäßigkeit der Mittel gestellt und beantwortet werden muss, steht stets die Frage nach der Geeignetheit: Aus den geeigneten Mitteln wird das mildeste erwählt. Alle anderen fallen bereits vorher aus der Betrachtung heraus. Wenn regelmäßig konstatiert wird, Gewalt sei kein geeignetes Mittel, muss dem entgegnet werden, dass militärische Gewalt – leider – immer dann das einzige geeignete Mittel ist, wenn schwerste Rechtsgüterverletzungen unter dem Schutz einer militärisch bewaffneten Macht erfolgen. Der ungezügelte Massenmord lässt sich sehr wohl mit militärischer Gewalt beenden, die Zahl der Ermordeten und Geschändeten dramatisch senken. Das ist gut und steht für sich.

Die für die Übergriffe, Massaker oder (Bürger-)Kriege ursächlichen Phänomene sind vielschichtig: politisch, rassistisch oder religiös motivierter Hass, Hunger und Armut oder sonstige ökonomische Verwerfungen, der Kampf um Wasser, Land oder andere Ressourcen, Ungerechtigkeit sowie schlechte Regierungsführung und Korruption. Es liegt auf der Hand, dass diese Konfliktursachen nicht durch den Einsatz von Soldaten beseitigt werden können. Das ist auch nicht die Aufgabe des Militärs, deshalb erstaunt dieser immer wieder erhobene Vorwurf gegen die eingesetzten Kontingente besonders. Die oft so schlecht ausfallende Bilanz von militärischen Interventionen ist in erster Linie überstiegenen Erwartungen geschuldet. Bei distanzierteren Bewertungen und realistischeren Annahmen würde diese gar nicht so selten positiv ausfallen. Auch bei Petracca werden die Einsätze als Folge vermeintlicher Fehlschläge gereiht und daraus der Beweis abgeleitet, dass das Mittel an sich untauglich sei. Diese Liste ist aber unvollständig und unterschlägt bezeichnenderweise beispielsweise die unspektakuläre – weil erfolgreiche – Einhegung der Gewalt in Mazedonien (Amber Fox).

Hinzu kommt auch, dass die Politik in Deutschland alles andere als „militärgläubig" und weit weniger blauäugig ist als oftmals angenommen wird. Auch daher wird – aktuell zum Beispiel ausweislich des Weißbuches 2016 – der sorgfältigen Orchestrierung aller staatlichen Instrumente zur Konfliktprävention und Krisenbewältigung große Aufmerksamkeit gewidmet. Bis heute gelten die Regierungen der Bundesrepublik Deutschland als durchaus zurückhaltend, wenn sie in der Abwägung aller Aspekte nicht von der Notwendigkeit des Einsatzes militärischer Gewalt überzeugt sind (wie beispielsweise im Irak 2003 oder in Libyen 2011).

5   Was bleibt?

Ein grundsätzlicher Gewaltverzicht kann nicht die allheilbringende Lösung für die Probleme der Welt sein, so berechtigt der Wunsch nach einer gewaltfreien Regulierung von Konflikten auch ist. Auch das Nicht-Handeln birgt Schuld. Mark Aurel postulierte in seinen Selbstbetrachtungen allgemeingültig: „Wer das Unrecht nicht verbietet, obwohl er die Macht dazu hat, der befiehlt es."

Das entbindet die politischen Entscheider aber nicht, sehr sorgfältig abzuwägen, ob die Rechtsgüterverletzung so schwerwiegend ist, dass der Einsatz militärischer Gewalt geboten ist und ob dieser darüber hinaus das einzige geeignete Mittel zur Beendigung derselben darstellt. Nur dann ist das stärkste Mittel staatlicher Gewalt auch verhältnismäßig. Keinesfalls kann das aber bedeuten, dass das höchste Mittel staatlicher Gewalt zuvor die Abfolge aller anderen Möglichkeiten erfordert, auch wenn wir *ultima ratio* oft als „letztes Mittel" übersetzen. Ist es das einzig geeignete, um zum Beispiel deutsche Staatsbürger aus der Hand von Geiselnehmern zu befreien, kann es auch bedeuten, verzugslos und unter strenger Geheimhaltung dieses höchste Instrument zum Schutze von Recht und Freiheit verzugslos einzusetzen. Die Bedingungen müssen den Einsatz von Streitkräften erforderlich machen, das ist das ausschlaggebende Kriterium. Ein kategorischer Ausschluss hingegen würde in letzter Konsequenz einem Regime unter dem Schutz militärischer Gewalt jeden Völkermord und jede Annexion ermöglichen und gleichzeitig jedes Eingreifen von außen unterbinden. Durch die völlig berechtigte Forderung nach Mäßigung der Gewalt und Humanität darf das Unrecht nicht obsiegen, weil sich der Gerechte selbst handlungsunfähig macht.

Gleichzeitig muss die Politik gewährleisten, dass die militärische Gewalt nicht die einzige Option im Werkzeugkasten des Staates ist. Wo immer andere Optionen des gesamtstaatlichen und gesamtgesellschaftlichen Handelns fehlen (politische, diplomatische, wirtschaftliche, kulturelle usw.), sind diese Defizite abzubauen und entsprechende Fähigkeiten zu entwickeln beziehungsweise zu unterstützen. Mark Twain wird die Erkenntnis zugeschrieben: „Wenn Dein einziges Werkzeug ein Hammer ist, wirst Du jedes Problem als Nagel betrachten." Militär darf nicht nur deshalb das Mittel der Wahl sein, weil es sich bequem und widerspruchslos in alle Winkel der Erde entsenden lässt.

Wenn der Soldat in den Einsatz geht und in letzter Konsequenz tötet, muss er zu jeder Zeit überzeugt sein und sich darauf verlassen können, dass sein Handeln der Verteidigung höchstrangiger Rechtsgüter dient und ohne Alternative ist. Das eigentlich Unerträgliche an der gegenwärtigen Diskussion ist, dass wir Soldaten unseren Dienst und unser Tun permanent selbst begründen und rechtfertigen müssen. Wir erdulden jedenfalls kein Defizit an rechtlicher Legitimität, sondern an überzeugender Vermittlung des politischen Willens und der Legitimation militärischer Gewaltanwendung durch die hierfür Verantwortlichen.

Die EKD ist gefordert, ähnlich wie 2007 in ihrer grundsätzlichen Positionierung zur militärischen Gewalt einen Kompromiss zu erarbeiten. Dieser muss es den Soldatinnen und Soldaten der Bundeswehr ermöglichen, mit Recht und Glauben auf sich zu nehmen, als Garant für das Bestehen der Bundesrepublik Deutschland, zum Schutze von Recht und Freiheit des deutschen Volkes und zur Abwehr schwerster Rechtsgüterverletzungen in der Welt, für die anderen und Zu-Hause-Gebliebenen Gewalt auszuüben, und sich dabei selbst als Ziel der Gewalt auszusetzen. Gelingt ihr das nicht, dann zwingt sie erstmals den Soldaten, sich zwischen seinem Eid auf Volk, Staat und Verfassung und seinem evangelischen Glauben (oder doch wenigstens seiner Mitgliedschaft in der evangelischen Kirche) zu entscheiden. Beides wäre dann miteinander unvereinbar.

Die von Petracca skizzierte Position der badischen Landeskirche hat mit vielen wünschenswerten, wenn auch akademisch-utopischen Ideen gemein, dass sie letztlich auf alle drängenden Fragen und Dilemmata der Realität eine überzeugende Antwort schuldig bleibt.

Literatur

Dembinski, Matthias und Thorsten Gromes. 2013. *Bestandsaufnahme der humanitären militärischen Interventionen zwischen 1947 und 2005.* Frankfurt a. M.: HSFK.

Evangelische Kirche in Baden (EKiBa) (Hrsg.). 2013. *„Richte unsere Füße auf den Weg des Friedens" – ein Diskussionsbeitrag aus der Evangelischen Landeskirche in Baden.* Karlsruhe: EKiBa.

Fischer, Thomas. 2011. *Strafgesetzbuch und Nebengesetze.* 58. Aufl. München: C. H. Beck.

Jellinek, Georg. 1959 [1900]. Allgemeine Staatslehre. Darmstadt: Wissenschaftliche Buchgesellschaft.

Luther, Martin. 1897 [1526]. Ob Kriegsleute auch in seligem Stande sein
     können. In *Weimarer Lutherausgabe, WA 19: Schriften 1526*, 616–662.
     Weimer: Metzler Verlag.
Stöhr, Gerhard. 2011. Die Ethik staatlicher Gewaltanwendung. Hamburg:
     Führungsakademie der Bundeswehr.

Reflexionen zur ethischen Debatte um das *ius in bello* in der Gegenwart

Bernhard Koch

1 Einleitung

Krieg ist nicht gleich Krieg, das wussten auch schon die alten Griechen. Platon (1994, S. 14) unterscheidet deshalb zu Beginn der Nomoi (628a) zwei Begriffe des Krieges: *polemos* und *stasis*. Wenn die Griechen mit den Persern in militärische Auseinandersetzungen verstrickt sind, so ist das *polemos*, ein Krieg im vollen Sinne des Wortes. Denn hier treffen zwei strukturell ähnliche Gegner aufeinander und das Ziel ist die Überwältigung, im äußersten Fall sogar die Vernichtung. *Polemoi* erfordern die Tugend der Tapferkeit, insbesondere von den Soldaten. Der weit problematischere Fall hingegen ist *stasis*, der Krieg innerhalb einer Polis oder zwischen den Hellenen. In der *stasis*, dem „Bürgerkrieg", geht es nicht einfach nur darum, eine Überwältigung durch den Gegner abzuwehren; eine politische Einheit, die zerrissen ist, muss wieder in einen gemeinsamen Frieden gebracht werden. Tapferkeit alleine reicht dafür nicht aus. *Stasis* erfordert auch Gerechtigkeit, Weisheit und Mäßigung bei den Bürgern und bei denen, die den Kampf ausfechten (vgl. 630a/b, Platon 1994, S. 16).

© Springer Fachmedien Wiesbaden GmbH, ein Teil von Springer Nature 2019
I.-J. Werkner und P. Rudolf (Hrsg.), *Rechtserhaltende Gewalt – zur Kriteriologie*, Gerechter Frieden, https://doi.org/10.1007/978-3-658-22946-7_5

Im 21. Jahrhundert hat die Polis schon seit vielen Jahrhunderten als politisches Modell (so gut wie) ausgedient, und seit langem organisieren sich politische Gemeinschaften vorzugsweise in „Staaten".[1] Die zunehmenden Abhängigkeiten wirtschaftlicher und kommunikativer Art haben die Macht der Staaten und staatlichen Politik allerdings zurückgedrängt. Das wirkt sich auch auf kriegerische Auseinandersetzungen aus: Wurde lange Zeit kriegerische Gewalt von gegnerischen Staaten ausgeübt, ist diese heute stark von nicht-staatlichen Akteuren geprägt und zeigt sich mit neuen Seiten.[2] Dazu kommen Formen politischer Gewalt, bei denen wir unsicher sind, ob wir sie überhaupt als „kriegerische" Gewalt einordnen sollen, wie dem transnationalen Terrorismus, der gewiss über die üblichen Formen gewöhnlicher (Groß-)Kriminalität hinausgeht, aber die Dimensionen eines Krieges – zeitlich, räumlich sowie hinsichtlich der Opferzahlen – bislang bei weitem nicht erreicht.

Was diese politischen Gewaltformen eint, besteht wohl darin, dass die strukturell ungleichen Gegner (staatliches Militär auf der einen und bewaffnete Aufständischengruppen auf der anderen Seite) aus sehr unterschiedlichen Positionen heraus agieren und daher mit sehr unterschiedlichen Strategien und Taktiken zu Werke gehen. Das hat zum Ausdruck „asymmetrischer Konflikt" geführt, der historisch betrachtet sogar den Normalfall politischer Auseinandersetzungen darstellt. Das gegenwärtige *ius in bello* ist insbesondere in seiner kodifizierten Form, dem vertragsrechtlichen humanitären Völkerrecht, ein Recht der Staaten, und es war der zwischenstaatliche Krieg, der die Herausbildung des humanitären

---

1   Friedrich Nietzsche (1988 [1883], S. 61) spricht im 22. Kapitel von „Also sprach Zarathustra" mit der Überschrift: „Vom neuen Götzen" von dem Staat als dem „kälteste[n] aller kalten Ungeheuer".

2   Zum Begriff und Erscheinungsbild der neuen Kriege vgl. u. a. Heupel und Zangl (2004, S. 349ff.), neuerdings auch Chinkin und Kaldor (2017, S. 5ff.).

Völkerrechts beförderte. Insoweit nun andere Formen der Kriegsführung stärker an Bedeutung gewinnen, sind wir herausgefordert,
erneut fundamentale normative Reflexionen anzustoßen.

2   Kollektivismus und Individualismus

Am Beginn der ethischen Überlegungen steht zunächst die Frage, was unter einem gerechten Krieg zu verstehen ist und wer in
diesem Krieg moralisch zu Recht beziehungsweise zu Unrecht
kämpft. Wie die Tradition des Nachdenkens über den gerechten
Krieg gehen wir davon aus, dass Gewalt (zum Begriff vgl. Meßelken 2018) grundsätzlich nicht sein soll und der Gewaltanwender
die Rechtfertigungslast für sein Handeln trägt. Gewalt ist also
allenfalls als *Reaktion* auf Unrecht, das selbst oder von anderen
erlitten wird, möglich und auch nur im Blick auf die Gewaltüber-
windung überhaupt erlaubt. Unter dieser Annahme, unter der
auch die rechtserhaltende Gewalt steht, kann dann lediglich eine
von zwei sich gewaltsam streitenden Parteien in ihrem Handeln
legitimiert sein.

Blickt man nun auf *kollektive* Handlungen (vgl. hierzu Schmid
2009), so ändert sich diese Asymmetrie nicht grundsätzlich, auch
wenn dort die epistemischen Bedingungen erschwert sind und die
ontologische Bestimmung des Handlungstyps (durch die Vielzahl
individueller Intentionen) unklarer ist. Insbesondere bei kollektiven
Nothilfehandlungen (wie humanitäre Interventionen) ist die normative Asymmetrieunterstellung ganz fundamental, da andernfalls
nicht zu erklären wäre, weshalb zugunsten einer Konfliktpartei
(der der Opfer) überhaupt eingegriffen werden dürfte. Sämtliche
Ansätze zur moralischen Rechtfertigung von Gewalt kennzeichnet
dementsprechend diese normative Asymmetrieunterstellung bei
den Konflikt*parteien*. Wo sie nicht gemacht wird, zum Beispiel im

sportlichen Wettkampf, sprechen wir normalerweise auch nicht von Gewalt.

Unterschiede bestehen aber bei diesen Ansätzen hinsichtlich der Frage, wie die Beteiligung des Einzelnen an gewaltsamen Konflikten zu werten sei. Autoren wie Michael Walzer, Seth Lazar, Yitzak Benbaji oder Daniel Statman sind bereit, die normative Ungleichheit bei den Gruppen nicht auf eine normative Ungleichheit bei den individuellen Kämpfern durchschlagen zu lassen, wenn es sich um politische Gruppenakteure handelt. Dagegen haben in den letzten zehn bis fünfzehn Jahren Autoren, angefangen von David Rodin und Michael Otsuka bis hin zu Jeff McMahan, Cécile Fabre und Helen Frowe, betont, dass auch bei gruppengebundenen Kämpfern zwischen solchen, die ihren Kampf zu Recht führen (*just combatants*), und jenen, die zu Unrecht kämpfen (*unjust combatants*), zu unterscheiden ist. Anders ausgedrückt: Die Autoren der ersten Gruppe sind der Meinung, dass zwar politische Gruppen im Unrecht sein können, wenn sie Gewalt anwenden, dass dieses Unrecht aber nicht den einzelnen Mitgliedern der Gruppen angelastet werden kann. Die Autoren der zweiten Gruppe beurteilen dagegen jedes Gruppenmitglied zunächst einmal für sich selbst. Daher werden die beiden Lager, die man anfänglich als *traditional just war theory* und *revisionist just war theory* gegenübergestellt hatte, heute oft treffender als Kollektivismus und Individualismus bezeichnet (vgl. Frowe 2011, S. 30ff.; Draper 2015, S. 5ff.; Lazar 2018). Die Auseinandersetzung zwischen diesen beiden Positionen ist keineswegs neu, sie durchzieht die gesamte Tradition des gerechten Krieges.[3] Individualisten betonen gemeinhin die Pflicht des einzelnen Kämpfers oder der einzelnen Kämpferin, sich über die

---

3   So ist Jean-Jacques Rousseau (2004 [1762]) explizit dem kollektivistischen Lager zuzurechnen, Hugo Grotius (1950 [1625]) dem individualistischen.

Ziele und Mittel des kollektiven Geschehens, an dem er oder sie sich beteiligt, zu informieren und sich gegebenenfalls zu verweigern. In der Moralphilosophie dürfte der Individualismus daher auch mehr Anhänger haben als der Kollektivismus, in der politischen Philosophie könnte es umgekehrt sein. Der disziplinäre Blick ist nicht unerheblich hinsichtlich der normativen Folgerungen, die gezogen werden (vgl. Lazar 2017, S. 41).

3 Der „Sieg" des Individualismus in der ethischen Debatte

Im zwischenstaatlichen Krieg hat der Kollektivismus eine gewisse Plausibilität, insbesondere dann, wenn das staatliche Recht eine Wehrpflicht vorsieht und junge Männer zu Tausenden in ein Militär eingezogen werden, über dessen Einsatz politische Machthaber entscheiden. Die Situation der Soldaten auf der „guten" wie auf der „bösen" Seite scheint sich in solchen Fällen doch sehr zu ähneln. Mit welchem Recht – könnte man fragen – dürfte man zwischen den irakischen und den iranischen Soldaten des Golfkrieges der 1980er Jahre einen pauschalen moralischen Unterschied machen?

Die zwischenstaatlichen Konflikte sind aber im internationalen Maßstab selten geworden und bei den angesprochenen asymmetrischen Konflikten scheint sich, was das *ius in bello* betrifft, die moralische Beurteilung doch deutlich in Richtung Individualismus zu bewegen. Nahm man früher an, dass gewaltsame, mit militärischen Mitteln ausgetragene Konflikte stets Gewalt von großen Gruppen sei, denen es um Ziele politischer (und in diesem Sinne kollektiver) Selbstbestimmung geht, so trifft das heute im Blick auf die neuen Kriege nicht mehr zu. Die Erfassung von Kriegsökonomien, aber auch basalen Überlebensinteressen von Individuen macht es immer schwerer, das kollektivistische Grundmuster intuitiv noch zu rechtfertigen. Dazu kommt, dass wir mittlerweile politische Ziele geradezu selbstverständlich einem individualistischen Moralitätstest unterwerfen. Menschenrechtliche Vorgaben – zumindest als Schutz- und Abwehrrechte – erscheinen dabei unabdingbar. Insofern ist ein individualistischer Ansatz wie ihn die *revisionist just war theory* vertritt, ein normatives Grundmuster, das heute eher mit unseren sonstigen normativen Hintergrundannahmen übereinstimmt. Dieses Grundmuster hat darüber hinaus die Tendenz, die normativen Grundlagen militärischer Gewalt an die normativen Grundlagen polizeilicher Gewalt anzugleichen[4] und so einen Beitrag zur normativen Konzeption eines *just policing* zu leisten (vgl. Werkner 2017b). In diesem Sinne werden hier die zentralen Gedanken der *revisionist just war theory* eingebracht.

Im Hinblick auf eine Fortentwicklung des *ius in bello* liegt es nahe, diesen gegenwärtig in der Diskussion stehenden normativen Ansatz des Individualismus als Grundlage für entsprechende Überlegungen zu nehmen. Zwei Dinge sind dabei jedoch klarzustellen: Zum einen wird eine Moralisierung (oder gar moralisierende Totalisierung) der Kriegsführung nicht befürwortet. Am Ende muss in der jeweiligen Situation entschieden werden, und situative Aspekte können eine Begründung dafür liefern, warum in dieser oder jener Konstellation nicht der *prima facie*-Schlussfolgerung aus dem Grundmuster gefolgt wird. Zum anderen ist das Grundkonzept selber offen sowohl für Werteinträge, die zum Beispiel aus einem im Glauben begründeten Ethos herrühren, als auch für Ergänzungen und Erweiterungen aus anderen Ansätzen (beispielsweise bei McMahan 2014). Insbesondere ist die Rolle des positiven Rechts in seiner Ordnungsfunktion zu würdigen.

---

4   Zum „Verschwimmen" der Grenzen von militärischer und polizeilicher Gewalt in sozialwissenschaftlicher Hinsicht vgl. Werkner (2017a, S. 16ff.); zur Pointierung der Grenzen vgl. Miller (2016).

Wenn man diese Begrenzungen des Anspruchs im Blick behält, ist das Konzept der *Revisionist Just War Theory* ein hilfreicher Ausgangspunkt für normative Folgerungen mit Blick auf die Praxis und weitere Rechtsausgestaltung.

4 Die revisionistische Theorie des gerechten Krieges

Im Folgenden werden einige wichtige Begrifflichkeiten des Revisionismus in den Blick genommen und ihre Bedeutung für die Konzeption erläutert.

4.1 Verantwortungsbasierter Ansatz verteidigender Gewalt

Im Gegensatz zu den Kollektivisten der *traditional just war theory* bestreiten die Revisionisten, dass sich Kombattanten in politischen Gruppenkonflikten auf gleicher moralischer Augenhöhe begegnen (vgl. Meireis 2017).[5] Allerdings kann der Revisionismus selber wieder in Einzelpositionen aufgefächert werden, die analytisch zu unterscheiden sind. So spielt es beispielsweise eine entscheidende Rolle, ob man die Verteidigung gegen „unschuldige Bedroher"

---

5   Wie sich aber zeigen wird, sehe ich nicht wie Torsten Meireis (2017, S. 330) „die Verwerfung der moralischen Gleichheit der Kombattanten" als die „Zentralthese" der Revisionisten an, sondern sie eint m. E. ihr methodischer Ausgangspunkt bei der inter-individuellen Gewalt. Uwe Steinhoff (2011, S. 96ff.) beispielsweise hat unter den individualistischen Voraussetzungen des revisionistischen Ansatzes dennoch für eine (nahezu) moralische Gleichheit von Kombattanten argumentiert.

(*innocent threats*) erlaubt (vgl. Thomson 1991; Quong 2009; Fabre 2012), oder ob man fordert, dass bei einer Bedrohung durch eine Person, die selbst für diese Bedrohung nicht verantwortlich ist, auf Gegenwehr verzichtet werden muss (vgl. Otsuka 1994; McMahan 1994; Rodin 2002). Vertreter der ersten Position argumentieren mit dem naturgegebenen Streben nach Selbsterhaltung (*oikeiosis*), Vertreter der zweitgenannten Position dagegen mit dem moralischen Status – einer Figur, die insbesondere auch in den bioethischen Diskussionen große Bedeutung erlangt hat. Die Menge der in verteidigender Gewalt legitim angreifbaren Personen ist also unterschiedlich groß.

Jeff McMahan (2011a, S. 392) argumentiert, dass nur derjenige, der Verantwortung für eine Bedrohung trägt, auch die Kosten tragen muss, die die bedrohliche Situation mit sich bringt (*responsibility account of permissible defense*). Eine solche Person ist haftbar (liable), was bedeutet, dass sie verteidigende Gegengewalt hinnehmen muss:

> "To what a person is liable are functions of, inter alia, the following elements: (1) The expected wrongful harm that will occur unless the person is harmed. [...] An expected harm is the product of a harm of a certain magnitude and the probability of its occurrence. (2) The degree of the person's causal contribution to the harm. (3) Whether the harm is foreseeable and, if so, whether the person contributes to its occurrence intentionally, recklessly or negligently. (4) [...] to what extent excusing conditions mitigate the degree of that responsibility. (5) Whether there are others who are more responsible for the harm and if so by how much. (6) The extent to which the expected harm can be expected to be reduced by harming the person" (McMahan 2011b, S. 548).

Der konzeptionell maßgebliche Faktor für die Haftbarkeit ist das „Verantwortlich-sein". „Verantwortlich-sein" ist jedoch kein einstelliges Prädikat wie „schuldig sein". Verantwortlichkeit macht das Beziehungsgeflecht deutlich und hängt vom Kontext ab: X ist verantwortlich für φ gegenüber Y. Wir brauchen mindestens drei Prädikatsstellen. Nehmen wir illustrationshalber an, Berta bedrohe Dora zu Unrecht und sei dafür verantwortlich, und Adam würde von Christian unrechtmäßig bedroht, könne sich aber retten, wenn er Berta als Schutzschild benutze. Berta ist verantwortlich für die Bedrohung gegenüber Dora und kann von dieser legitim verteidigend angegriffen werden; dies macht Berta aber nicht haftbar in der Bedrohungssituation von Christian gegenüber Adam.[6]

4.2   Haftbarkeit und Entschuldigungen

In die Bestimmung der Haftbarkeit fließen auch entschuldigende Faktoren ein, zum Beispiel Unwissenheit über die wirklichen Verhältnisse oder Druck, unter dem jemand bedrohend handelt. Diese Faktoren stufen die Verantwortlichkeit und damit die Haftbarkeit graduell ab. Haftbarkeit (beziehungsweise die legitime Angreifbarkeit[7]) an der eigenen verantwortlichen Beteiligung an einer ungerechten Bedrohung festzumachen bedeutet also, moralische Unterschiede zwischen den individuellen Personen graduell zu fassen, nicht in einem binären Code. Auf kriegerische Gewalt zugeschnitten bedeutet das, dass es einen klaren Schnitt

---

6   Ein *culpability account* würde es vermutlich akzeptieren, dass Adam Berta vor sich zieht, um sich selbst zu schützen. Es würde keine „unschuldige" Person dabei geschädigt.

7   „Liability" bedeutet nicht, dass eine Person, der dieses moralische Prädikat zukommt, angegriffen werden muss. Das wäre „desert", also „Verdienst". „Liability" besagt lediglich, dass der Person kein Unrecht geschieht, wenn sie angegriffen wird. So kann man aus übergeordneten Gründen, z. B. religiöser oder theologischer Natur, davon absehen, eine solche Person zu schädigen.

zwischen Kombattanten und Zivilisten – wie er im Völkerrecht
jedenfalls angezielt ist – in dieser ethischen Betrachtung nicht gibt.
Auch Personen, die rechtlich oder alltagssprachlich als Zivilisten
bezeichnet werden, können an einer ungerechten Bedrohung
beteiligt sein. Sie können daran unter Umständen sogar massiver
(und verantwortlicher) beteiligt sein als Personen, die rechtlich
oder alltagssprachlich als Kombattanten bezeichnet werden. Insofern es möglich ist, gewaltsames Handeln gegen diese Personen
tatsächlich *wirksam* zur Abwehr einer ungerechten Bedrohung
einzusetzen, kann es ethisch erlaubt sein, die Gewalt gegen diese
Personen zu richten.

Umgekehrt ist es dagegen nicht erlaubt, Gewalt gegen Kombattanten einzusetzen, die entweder gar nicht an einer ungerechten
Bedrohung beteiligt sind (weil sie beispielsweise für eine gerechtfertigter Weise kämpfende Konfliktpartei im Einsatz sind; *just
combatants*) oder weil die gegen sie gerichtete Gewalt zur Abwehr
der ungerechten Bedrohung nichts beiträgt.

4.3   „Weite" und „enge" Verhältnismäßigkeit

Eine besondere Herausforderung für den revisionistischen Ansatz
stellen Situationen dar, in denen ungerechte Bedrohungen nur
dadurch abgewehrt werden können, dass die verteidigende Gewalt
auch unbeteiligte dritte Personen schädigt (Kollateralschaden).
In diesen Situationen muss das deontologische *liability*-Prinzip
durch ein teleologisches *minus-malum*-Prinzip ergänzt werden.
Wenn die ungerechte Bedrohung hinreichend groß ist, kann ein
Schaden an unbeteiligten und darin auch in ihrem moralischen

Status „unschuldigen" Personen hingenommen werden.[8] Was aber als „hinreichend" gilt, unterliegt einer Verhältnismäßigkeitsfeststellung („weite Verhältnismäßigkeit"), die nur im Vergleich mit anderen, ähnlich gelagerten empirischen Fällen getroffen werden kann (vgl. Koch 2017a, S. 230). Das hat Folgen für die gegenwärtige militärische Konfliktaustragung: Moderne militärische Technologien beispielsweise, die präzisere Gewaltanwendung zur Abwehr ungerechter Gewalt zulassen, engen den Spielraum für verhältnismäßige und in diesem Sinne akzeptable kollaterale Schäden ein. Möglicherweise verkleinern sie auch den Spielraum für zulässige Gewalt gegenüber angreifbaren Zielen, denn sie ermöglichen unter Umständen, ungerechte Bedrohungen mit geringer schädigenden Mitteln durchzuführen. Eine Verringerung der Kollateralopferzahl heißt also noch nicht, dass damit die Verhältnismäßigkeitsanforderungen besser eingehalten würden.

Auch gegenüber Personen, die für eine ungerechte Bedrohung verantwortlich sind und in diesem Sinne zur Abwehr der Bedrohung angegriffen werden können, ist ein Verhältnismäßigkeitsprinzip einzuhalten („enge Verhältnismäßigkeit", McMahan 2009). Verteidigende Gegengewalt muss der Haftbarkeit entsprechen. Tödliche verteidigende Gegengewalt ist nur bei größter Haftbarkeit möglich. Haftbarkeit ist – wie gesagt – eine Funktion verschiedener Faktoren, unter anderem des Ausmaßes der Bedrohung oder der kausalen Beteiligung der haftbaren Person. Wenn keine tödliche Bedrohung vorliegt, ist daher kaum letale verteidigende Gewalt möglich. Deshalb wird zurecht gefragt, ob beispielsweise autonome Waffensysteme überhaupt tödliche Gewalt anwenden dürfen, denn

---

8 Häufig wird hier wie bei Michael Walzer mit dem Prinzip der Handlung mit doppelter Wirkung argumentiert, was den Fokus auf die Intentionalität der Akteure richtet; es wäre aber auch möglich, schlichter mit einer „Schwellendeontologie" (*threshold deontology*, Frances Kamm) zu argumentieren.

beim Kampf einer menschlichen Person gegen eine Maschine ist die Maschine nicht „letal" bedroht. Sie kann zwar vollständig zerstört, aber nicht „getötet" werden. Selbst wenn sie „getötet" werden könnte, hätte sie kein vorgängiges Recht auf Leben gehabt.

Man muss die Bedeutung der „engen Verhältnismäßigkeit" deutlich gegen die vorherrschende alternative Konzeption herausstellen: Für viele Theoretiker verteidigender Gewalt liegt die Grenze legitimter Gewalt bei der Notwendigkeit, das Leben zu sichern. Es ist in diesen Systematiken soviel Gewalt erlaubt, wie nötig ist, das Leben zu sichern. Enge Verhältnismäßigkeit zieht die Grenze anders.

4.4   Pazifismus oder „totaler Krieg"?

Verhältnismäßigkeitsprinzipien sind nicht exakt umsetzbar. Sie anzuwenden bedeutet, die Wirklichkeit in normativer Hinsicht zu deuten. Wenn die Angreifbarkeit von Personen in militärischen Konflikten nicht klar begrenzt ist, sondern eine Sache von Gradualität und Verhältnismäßigkeit ist, liegt die nicht unbegründete Sorge nahe, dass das legitime Maß an Gewalt zu hoch bestimmt wird, wenn man die Möglichkeit hat, militärisch entsprechend viel Gewalt anzuwenden. Ja, mehr noch: Wenn die Übergänge zwischen mehr und weniger angreifbaren Personen nur graduell bestimmbar sind, ist in der Praxis nicht auszuschließen, dass auch bei tatsächlich nur gering angreifbaren Personen ein hohes Maß an Gewalt angewendet wird und es so zu einer Art „Totalisierung" des bewaffneten Konfliktes kommt. Je nach Auslegung könnte militärische Gewalt entweder fast unbegrenzt oder so gut wie gar nicht erlaubt (*contingent pacifism*) sein (vgl. Lazar 2010). Revisionistische Denker des gerechten Krieges befürworten daher, dass die positiv-rechtliche Ordnung des bewaffneten Konflikts gewisse absolute Grenzen setzt wie die Unterscheidung von Zivilisten und

Kombattanten. Auch hierin Hugo Grotius ähnlich erkennen sie das einhegende Potenzial der Verrechtlichung des *ius in bello* an und unterstützen es aus Gründen des geringeren Übels. Da es in vielen Konflikten auch einen Auslegungsstreit darüber gibt, wer für die gerechte Sache kämpft und wer sich dieser entgegenstellt, ist es in teleologischer Hinsicht sogar sinnvoll, im positiven *ius gentium* eine Gleichrangigkeit der Kombattanten anzunehmen, weil nur durch diese Annahme die wechselseitige Befolgung der vereinbarten Regeln plausibel ist.[9]

Die Revisionistische Theorie des gerechten Krieges als individualistischer Ansatz der ethischen Bestimmung von legitimer Gewalt in bewaffneten Konflikten ist also *nicht* mit einer Umkehrung der im humanitären Völkerrecht erarbeiteten Schutzstandards verbunden. Allerdings verstärken die Überlegungen des moralischen Individualismus bestimmte Tendenzen, die in der aktuellen Völkerrechtsentwicklung selbst schon angelegt sind. Deshalb müssen wir einem weiteren Schritt auf die völkerrechtliche Diskussion zu sprechen kommen.

5 Ethik des humanitären Völkerrechts

Notwendige Veränderungen des humanitären Völkerrechts mit Blick auf eine stärkere normative Position von individuellen Personen fordern bei weitem nicht nur Anhänger der sogenannten *revisionist just war theory* ein (so z. B. Zanetti 2003). Besonders prominent sind hier in letzter Zeit Christine Chinkin und Mary Kaldor (2017, S. 172) hervorgetreten, die den Ersatz des klassischen

---

9 Moral und Ethik können und müssen zwischen Rechtfertigungen und Motivationen trennen, aber für die inhaltliche Ausgestaltung des Rechts und damit seiner Rechtfertigung sind Motivationen nicht unerheblich.

Staatenkrieges durch „rights-based law enforcement as in domestic situations" fordern. „The self-defence exception to the prohibition on war should be reconceptualised as the collective individual right to life," schreiben sie (Chinkin und Kaldor 2017, S. 284).

In den kirchlichen Stellungnahmen beider großen deutschen Konfessionen nähert man sich diesem Thema nur zaghaft – insbesondere, wenn es um das *ius in bello* geht. Der Katechismus der Katholischen Kirche konstatiert lediglich das geltende Völkerrecht „und seine allgemeingültigen Grundsätze" als verbindlich. In der komplexen Situation der Gegenwart nützt eine solche Anweisung wenig. Provokanter sind die knappen Bemerkungen im Bischofswort (2000; Ziff. 157):

> „Darüber hinaus sind das Leben und die körperliche Unversehrtheit auch der gegnerischen Soldaten so weit als möglich zu schützen. Direkte Angriffe auf Personen sind auf Situationen unmittelbarer Notwehr zu beschränken."

Diese beiden Erfordernisse gehen beide über das geltende humanitäre Völkerrecht hinaus und stimmen vollkommen mit den Anfordernissen, die in der revisionistischen Theorie des gerechten Krieges gestellt werden, überein.

Dagegen sind die Formulierungen in der Friedensdenkschrift der EKD (2007, Ziff. 102) nicht unproblematisch. So liest man: „Umfang, Dauer und Intensität der eingesetzten Mittel [müssen] darauf gerichtet sein, Leid und Schaden auf das notwendige Mindestmaß zu begrenzen." Das ist ein rein konsequentialistisches Prinzip. Bei Gewaltanwendung ist aber nicht unerheblich – und das stellen die Revisionisten doch heraus –, *wer* welchen Schaden erleidet. Gerade moderne Waffentechnologien machen es möglich, dass Schaden auch verschoben wird: von den Soldaten zu den Zivilisten, von den Verteidigern zu den Angreifern. Auch die Formulierung „An der Ausübung primärer Gewalt nicht direkt beteiligte Personen und

Einrichtungen sind zu schonen" ist heikel, weil nicht ganz klar ist, was unter „primärer Gewalt" zu verstehen sein soll.

Zu groß ist die Sorge, man könnte erreichte Einhegungsstandards durch Neudiskussionen wieder gefährden. Vertreter der revisionistischen Theorie des gerechten Krieges haben ja insbesondere für ihre vorgebliche Verwischung der Grenzen von Zivilisten und Kombattanten herbe Kritik einstecken müssen. Die Kritiker sind sich dabei aber häufig nicht bewusst, dass in den gegenwärtigen Konfliktkonstellationen auch völkerrechtlich keine eindeutige Klarheit darüber besteht, wer als Zivilist und wer als Kombattant zu gelten hat: So greift zwar das humanitäre Völkerrecht in internationalen und nicht-internationalen bewaffneten Konflikten. Es greift jedoch nicht bei Auseinandersetzungen, die die Schwelle der Gewalt zum bewaffneten Konflikt nicht überschritten haben. In solchen Auseinandersetzungen ist ohnehin keine Differenzierung von Kombattanten und Zivilisten zu treffen. In bewaffneten Konflikten ist zwischen geschützten und nicht-geschützten Personen zu unterscheiden. Diese Abgrenzung ist jedoch nicht gänzlich identisch mit der von Zivilisten und Kombattanten, da Zivilisten nicht geschützt sind, wenn sie sich „direkt an den Feindseligkeiten beteiligen" (AP 1, Art. 51, 3). Die überwiegende Mehrheit der gegenwärtig militärisch ausgetragenen Kämpfe sind zudem als nicht-internationale bewaffnete Konflikte zu qualifizieren. Das Recht der nicht-internationalen bewaffneten Konflikte kennt keinen Begriff des Kombattanten und kann daher auch keinen Begriff des Zivilisten vom Begriff des Kombattanten absetzen. Dennoch werden gewohnheitsrechtlich mittlerweile viele Regelungen aus dem Recht der internationalen bewaffneten Konflikte analog auf das Recht nicht-internationaler bewaffneter Konflikte übertragen. Die Frage, unter welchen Bedingungen Zivilisten eine direkte Beteiligung an den Feindseligkeiten zuzuschreiben ist, so dass sie ihren Schutz als Zivilisten verlieren, hat also auch bei den nicht-internationalen bewaffneten Konflikten enorme Bedeutung gewonnen. Seit über zehn Jahren gibt es einen heftigen Auslegungsstreit um diese Formel der „Direct Participation in Hostilities" (vgl. Melzer 2009; Schmitt 2010; Koch 2017b), der noch keineswegs endgültig beigelegt ist und der vermutlich immer wieder aufkommen wird, wenn sich das empirische Erscheinungsbild bewaffneter Konflikte ändert. Etwaige Empörung über die vermeintlich gefährlichen Infragestellungen der Moralphilosophen ist also schon deshalb unbegründet, da auch die Völkerrechtswissenschaft ständig das überkommene Recht problematisieren muss (eine besonnene Kritik hierzu bietet Shue 2010).

Das Recht nicht-internationaler bewaffneter Konflikte, die zwischen einer staatlichen und einer oder mehreren nicht-staatlichen Konfliktparteien ausgetragen werden, war nie vom Symmetriegedanken durchzogen, den auch die revisionistische Theorie des gerechten Krieges infrage stellt. Auch andere Entwicklungen des Völkerrechts, insbesondere die Internationale Strafgerichtsbarkeit, stellen die Symmetrie der Konfliktparteien infrage (insbesondere durch den Völkerstraftatbestand des Aggressionsverbrechens). Dem Individualismus der revisionistischen Theoretiker des gerechten Krieges korrespondiert die zunehmende Anerkennung der Völkerrechtssubjektivität von Einzelpersonen, zum Beispiel im eben erwähnten Völkerstrafrecht.

Freilich versuchen an anderer Stelle internationale Organisationen, auch das Internationale Komitee vom Roten Kreuz oder Nichtregierungsorganisationen wie „Geneva Call" (https://genevacall. org/de/), staatliche und nicht-staatliche Konfliktparteien in eine Art Symmetrie zu bringen, um die Angehörigen der nicht-staatlichen Konfliktparteien zur Einhaltung basaler Schutzstandards des humanitären Völkerrechts zu motivieren. Aber die Motivationsebene und die Begründungsebene sind im reflexiven Blick doch deutlich zu unterscheiden. (Dass ich als guter Schwimmer einen normativen

Grund habe, eine Ertrinkende im ungefährlichen Gewässer zu retten, wird kaum jemand bestreiten. Mein *Motiv* mag aber vom Grund verschieden sein, zum Beispiel die Auszeichnung durch die Lebensrettermedaille.) Rechtsbefolgung ist in vielerlei Hinsicht *prima facie* gut *begründet* (aber nicht immer gut *motiviert*), denn das Recht erbringt eine moralisch bedeutende Ordnungsleistung. In diesem Sinne versuchen revisionistische Moralphilosophen wie Bradley J. Strawser (2013), die epistemischen Einwände gegen den Revisionismus („Wie soll man wissen, wer den gerechten Kampf führt?" etc.) zu entkräften und das geltende humanitäre Völkerrecht an die Ethik der revisionistischen Theorie des gerechten Krieges anzunähern, aber nicht einfachhin umzustürzen. Jenseits der bloß epistemischen Problematik versucht Adil Haque (2017, S. 9), den Revisionismus mit seinen drei Kernprinzipien „reductive individualism, nonconsequentialism, and cosmopolitanism" und das humanitäre Völkerrecht zusammenzubringen. Dazu dient ihm einerseits an manchen Stellen eine kritische Diskussion von McMahan, Frowe und anderen revisionistischen Denkern, aber an anderen Stellen wird auch das humanitäre Völkerrecht neu interpretiert oder gar eine Reform (insbesondere beim Römer Statut des Internationalen Strafgerichtshofs) gefordert (vgl. Haque 2017, S. 255). Es lohnt sich, diese Diskussion zu verfolgen, zu begleiten und gegebenenfalls mitzugestalten. Dabei muss anerkannt werden, dass für die Revisionisten die Legitimation strafender Gewalt und die Legitimation verteidigender Gewalt zwei verschiedene Dinge sind. Daher werden feindliche Kämpfer, auch wenn sie haftbar sind, nicht „krimininalisiert", aber als Bedrohung gelten sie doch.

Zuletzt ist aber vor allem Folgendes herauszustellen: Das humanitäre Völkerrecht erlaubt grundsätzlich tödliche Angriffe auf bestimmte Personen, nur weil diese einer bestimmten Gruppe (der der gegnerischen Kombattanten) zugehören. Das ist nicht in jeder Hinsicht „humanitär" – und wird aus guten Gründen moralphilosophisch infrage gestellt. Diese Problematik gewinnt noch größere Dringlichkeit angesichts des Umstandes, dass heute technologische Mittel zur Verfügung stehen, die Gewalthandeln zulassen, ohne dass sich der so Handelnde ursprünglicher Gewalt oder Gegengewalt ausgesetzt sähe. Insbesondere ferngesteuerte und sogenannte autonome militärische Robotik (die bislang nur rudimentär verfügbar ist) unterläuft die Annahme des überkommenen Kriegsrechts, dass Kombattanten sich wechselseitig verteidigen würden. Ausgehend von den Annahmen der revisionistischen Theorie des gerechten Krieges kann man durchaus in Zweifel ziehen, ob tödliche Gewalt auch in bewaffneten Konflikten gerechtfertigt ist, wenn die Gegenpartei gar keine Möglichkeit hat, ihrerseits das Leben einer Person unmittelbar zu gefährden, weil mit distanzierenden Instrumenten gearbeitet wird (vgl. u. a. Koch 2016). Töten im Krieg würde in solchen Fällen mit Exekutionen einfachhin zusammenfallen. Dieser Gedanke scheint nun auch in den völkerrechtlichen Diskussionen zunehmend an Gewicht zu gewinnen (vgl. Geiß 2015).

Die Anerkennung von Asymmetrien im moralischen Status muss nicht dazu führen, dass diejenigen Personen, denen der „schlechtere" Status zukommt, größerer Angreifbarkeit ausgesetzt sind. Gewalt, die nicht notwendig ist zur Abwehr einer Bedrohung, ist unerlaubt, egal gegen wen sie sich richtet. Wie oben bereits herausgestellt, schränkt dieser Grundsatz auch die Möglichkeit von legitimen kollateralen Schäden beträchtlich ein.

6   Befriedung und Recht

Gegenwärtig sind die normativen Entwicklungen im Konfliktvölkerrecht mindestens in ebenso starker Weise im Fluss wie die empirisch feststellbare veränderte Kriegsrealität. Das hat zu tun mit der

Infragestellung überkommener Vorannahmen bei der Beurteilung von Gewalt in bewaffneten Konflikten, mit der Zusammenführung von humanitär-völkerrechtlichem und menschenrechtlichem Schutz und mit den Interpretationserfordernissen, vor die man durch die veränderte Kriegsrealität gestellt ist. Ein starres Festhalten an den Mustern der zwischenstaatlichen Kriegsführung des 19. und der ersten Hälfte des 20. Jahrhunderts kann gegenwärtig normativ nicht mehr befriedigen. Heute sind insbesondere zwei (Basis-)Szenarien des bewaffneten Konflikts denkbar: (a) ein Selbstverteidigungskrieg, der aber dann voraussetzt, dass es einen Aggressor gibt, dessen Handlungen material Unrecht sind (vgl. Fabre und Lazar 2014), und (b) die gerechtfertigte humanitäre Intervention, die einer zu Unrecht angegriffenen Partei zu Hilfe kommt. Beiden Situationen gemein ist die *ad bellum-* (oder *contra bellum-*) Asymmetrie: Die verteidigende Partei ist im Recht gegen die aggressive; die intervenierende Partei ist im Recht gegen diejenige, gegen die die Intervention durchgeführt wird. Aber bei den humanitären Interventionen kommt eine dritte Partei mit ins Spiel: diejenige, um derentwillen die Intervention durchgeführt wird. Für das *ius in bello* hat dieser Unterschied Konsequenzen, denn im Verteidigungskrieg stehen sich die nicht-angreifbaren Verteidiger und die verantwortlichen Bedroher gegenüber, so dass in der Tendenz Schadensbedrohungen zu Lasten der Bedroher aufgelöst werden können. In der Praxis ist die normative Situation natürlich bedeutend komplexer, weil man auf keinen Fall jeden Zivilisten einer ungerechtfertigten Kriegspartei haftbar machen darf. Aber wir bewegen uns hier im Rahmen eines normativen Grundmusters, das noch übersichtlich ist.[10] Im Interventionskrieg aber stehen

---

10 Allerdings auch Anlass zu Überspannungen gibt, wie das Positionspapier von Asa Kasher und Amos Yadlin (2005) gezeigt hat. Vgl. zu dieser Debatte Koch (2014).

sich (1) die nicht-angreifbaren (*non-liable*) Intervenienten, (2) die angreifbaren (*liable*) „Menschenrechtsverletzer" und (3) die nicht-angreifbaren (*non-liable*) Opfer der Menschenrechtsverletzer gegenüber. Wenn nun Risiken und Schadensbedrohungen zu verteilen sind, so können die Intervenienten, obwohl sie nicht „haftbar" sind, dennoch nicht alle Risiken von sich abwälzen, wenn dadurch die Opfer, um derentwillen interveniert wird, geschädigt werden. Denn auch diese Opfer sind nicht haftbar, und wie immer wieder herausgestellt wird, ist es widersprüchlich, zugunsten einer Bevölkerung einen militärischen Einsatz zu führen und dabei eben diese Bevölkerung zu schädigen. Allerdings muss hier weiterhin vertieft nachgedacht werden, denn die Problematik, die hier aufscheint, zeigt auf ganz grundsätzliche Ambivalenzen, die an dieser Stelle jedoch nicht bedeutend vertieft werden können. Lediglich ein Moment sei abschließend herausgegriffen: Die Ambivalenz der neuen Konzeptionalisierungen, die „Krieg" (und damit auch gerechten Krieg) ausschließen, (menschen- oder grund-)rechtserhaltende Gewalt aber zulassen möchten, zeigt sich insbesondere im Feld der technologischen Mittel, die für die Gewaltanwendung eingesetzt werden können und dabei den Gewaltanwender möglichst umfassend schützen – wie ferngesteuerte und autonome Waffensysteme. Ihre Entwicklung ist nicht zuletzt durch die Statusänderung von Soldatinnen und Soldaten aus demokratischen und grundrechtsverpflichteten Staaten inspiriert.[11] Dass also Waffentechnologien entwickelt werden, die den Anwender von Gewalt möglichst weiträumig der Gegengewalt entziehen, ist

---

11 Soldatinnen und Soldaten werden in der Bundeswehr als Einzelpersonen wahrgenommen, denen die individuellen bürgerlichen Rechte ebenso zukommen wie jedem anderen staatsbürgerlichen Rechtssubjekt. Das erhöht die Begründungslast dafür sehr, dass sie von Seiten des Staates mit ihrem Leib und Leben in Anspruch genommen werden, und es steigert auch die staatlichen Schutzpflichten (vgl. Koch 2015).

normativ naheliegend.[12] Bislang wurde schon einiges auf militär- und auch friedensethischer Ebene zum Einsatz ferngesteuerter und autonomer Waffensysteme erarbeitet, aber eine echte Reflexion auf die öffentlichen Implikationen, insbesondere im Blick auf das Verhältnis von Staat und Militär (auch zur „Zivilisierung des Militärs") sowie das Verhältnis von Recht und Gewalt, steht noch größtenteils aus. Friedensethiker, die die Technologisierung zum Schutze der eigenen Truppen als bedenklich ansehen, müssen vielleicht wieder lernen, dass als ethische Gesichts- und Bezugspunkte reine Rechts- und auch Menschenrechtsbezogenheit nicht ausreichen (vgl. Kahn 2013). Ohne ein echtes friedensorientiertes Ethos kann auch ein rechtebasiertes normatives Grundmuster zur Legitimation von (überzogener) Gewalt genutzt werden. Die Reflexion auf die asymmetrischen Konflikte der Gegenwart und was sie für den Kombattantenstatus, das Diskriminierungsverbot und die Frage der Kollateralopfer bedeuten, hebt dies nur wieder stärker ins Licht. Vielleicht muss die Friedensethik hier tugendethischer zu denken lernen. Wir konzeptionalisieren heute das *ius in bello* im Grunde stets für eine Art „kosmopolitischer stasis". Aber dann müssen wir wie Platon umfassend an die Haltungen denken, die die „Kosmo*polis*" wirklich befrieden können. Denn die Paradoxie der Gewalt kann auch die revisionistische Theorie des gerechten Krieges nicht auflösen. Vom Recht – und sei es ein „moralisches Recht" – kann man vermutlich einen Beitrag zum Frieden, aber nicht die Lösung der Friedensfrage erwarten.

---

12 Daher spricht Stefan Talmon (2014) von der „Pflicht zur Drohne".

7   Fazit

Die revisionistische Theorie des gerechten Krieges hat in vielerlei
Hinsicht das Denken über legitime Gewalt in bewaffneten Konflikten stimuliert und vorangebracht. Durch den ihm innewohnenden
(egalitären) Kosmopolitismus und seinen Ausgangspunkt beim
individuellen Recht auf Leben fügt sich dieser Ansatz sehr gut zu
menschenrechtlich inspirierten Auslegungen des humanitären
Völkerrechts (auch angesichts der asymmetrischen Konflikte der
Gegenwart). Er verschärft damit Legitimitätsanforderungen an Ge-
walthandlungen (schon früh bei Hurka 2007) und fordert darüber
hinaus die Gewaltanwender auf – von der Politik bis zu den einfachen Soldatinnen und Soldaten –, sich selbst über die Rechtfertigung
des Einsatzes von Gewaltmitteln zu verständigen und die Gewalt
bei unklarer Rechtfertigungsgrundlage zu unterlassen. Mithilfe
des Ansatzes der revisionistischen Theorie des gerechten Krieges
(in seinen verschiedenen Spielarten) lassen sich auch Kriterien für
den Einsatz hochmoderner Waffentechnologien – von bewaffneten
Drohnen bis hin zu autonomen Waffensystemen – entwickeln.
Allerdings ist Vorsicht und Umsicht geboten: Man sollte nicht nur
auf technische Mittel der Befriedung setzen, und auch das Recht
und selbst das System der Menschenrechte sind ein solches tech-
nisches Mittel. Genau besehen wohnt auch der revisionistischen
Theorie des gerechten Krieges eine technizistische Form inne.
Der Idealfall dieses ethischen Modells wäre dann gegeben, wenn
es in eine algorithmische Programmfolge übersetzbar wäre. Für
die Kirchen und die Theologen erscheint es daher ausgesprochen
lohnenswert, auf diesen Technizismus in der Ethik des bewaffneten
Konflikts sogar des institutionalisierten Menschenrechtssystems
zurück zu reflektieren und über seine Eignung im Blick auf einen
positiven Frieden nachzudenken. Friedensethik muss – das zeigen

die Ambivalenzen in allen menschrechtlich grundierten Ansätzen
– über bloße Normethik hinausgehen.

Literatur

Chinkin, Christine und Mary Kaldor. 2017. *International Law and New Wars*. Cambridge: Cambridge University Press.

Die deutschen Bischöfe. 2000. *Gerechter Friede*. Bonn: Sekretariat der Deutschen Bischofskonferenz.

Draper, Kai. 2015. *War and Individual Rights. The Foundations of Just War Theory*. Oxford: Oxford University Press.

Evangelische Kirche in Deutschland (EKD). 2007. *Aus Gottes Frieden leben – für gerechten Frieden sorgen. Eine Denkschrift des Rates der Evangelischen Kirche in Deutschland*. Gütersloh: GütersloherVerlagshaus.

Fabre, Cécile. 2012. *Cosmopolitan War*. Oxford: Oxford University Press.

Fabre, Cécile und Seth Lazar (Hrsg.). 2014. *The Morality of Defensive War*. Oxford: Oxford University Press.

Frowe, Helen. 2011. *The Ethics of War and Peace. An Introduction*. Milton Park, Abingdon: Routledge.

Geiß, Robin. 2015. Die völkerrechtliche Dimension autonomer Waffensysteme. Berlin: Friedrich-Ebert-Stiftung. http://library.fes.de/pdf-files/id/ipa/11444-20150619.pdf. Zugegriffen: 17. Mai 2018.

Grotius, Hugo. 1950 [1625]. *De Jure Belli Ac Pacis.Libri Tres. Drei Bücher vom Recht des Krieges und des Friedens*. Übers. von Walter Schätzel. Tübingen: J. C. B. Mohr (Siebeck).

Haque, Adil Ahmad. 2017. *Law and Morality at War*. Oxford: Oxford University Press.

Heupel, Monika und Bernhard Zangl. 2004. Von „alten" und „neuen" Kriegen – Zum Gestaltwandel kriegerischer Gewalt. *Politische Vierteljahresschrift* 45 (3): 346–369.

Hurka, Thomas. 2007. Liability and Just Cause. *Ethics & International Affairs* 21 (2): 199–218.

Kahn, Paul W. 2013. ImaginingWarfare. *European Journal of International Law* 24 (1): 199–226.

Kasher, Asa und Amos Yadlin. 2005. Military Ethics of Fighting Terror. An Israeli Perspective. *Journal of Military Ethics* 4 (1): 3–32.

Koch, Bernhard. 2014. Einleitung. In *Den Gegner schützen? Zu einer aktuellen Kontroverse in der Ethik des bewaffneten Konflikts*, hrsg. von Bernhard Koch, 7–25. Baden-Baden: Nomos.

Koch, Bernhard. 2015. Bewaffnete Drohnen und andere militärische Robotik. Ethische Betrachtungen. In *Moderne Waffentechnologie. Hält das Recht Schritt?*, hrsg. von Christof Gramm und Dieter Weingärtner, 32–56. Baden-Baden: Nomos.

Koch, Bernhard. 2016. Moral Integrity and Remote-Controlled Killing: A Missing Perspective. In *Drones and Responsibility. Legal, Philosophical, and Sociotechnical Perspectives on Remotely Controlled Weapons*, hrsg. von Ezio di Nucci, Ezio und Filippo Santoni de Sio, 82–100. Abingdon: Routledge.

Koch, Bernhard. 2017a. Virtues for Peace. What Soldiers Can Do and Where Military Robotics Fails. In *The Nature of Peace and the Morality of Armed Conflict*, hrsg. von Florian Demont-Biaggi, 223–242. Cham: Palgrave Macmillan.

Koch, Bernhard. 2017b. Diskussionen zum Kombattantenstatus in asymmetrischen Konflikten. In *Handbuch Friedensethik*, hrsg. von Ines-Jacqueline Werkner und Klaus Ebeling, 843–854. Wiesbaden: Springer VS.

Lazar, Seth. 2010. The Responsibility Dilemma for Killing in War. A Review Essay. *Philosophy & Public Affairs* 38 (2): 180–213.

Lazar, Seth. 2017. Just War Theory. Revisionists Versus Traditionalists. *The Annual Review of Political Science* 20: 37–54.

Lazar, Seth. 2018. Method in the Morality of War. In *Oxford Handbook of Ethics of War*, hrsg. von Seth Lazar und Helen Frowe, 1–15. Oxford: Oxford University Press.

McMahan, Jeff. 1994. Innocence, Self-Defense and Killing in War. *The Journal of Political Philosophy* (2/3): 193–221.

McMahan, Jeff. 2009. *Killing in War*. Oxford: Oxford University Press.

McMahan, Jeff. 2011a. Self-Defense Against Morally Innocent Threats. In *Criminal Law Conversations*, hrsg. von Paul H. Robinson, Stephen Garvey und Kimberly Kessler Ferzan, 385–394. Oxford: Oxford University Press.

McMahan, Jeff. 2011b. Who is Morally Liable to be Killed in War? *Analysis* 71 (3): 544–559.

McMahan, Jeff. 2014. Die gerechte Verteilung des Schadens zwischen Kombattanten und Nichtkombattanten. In *Den Gegner schützen? Zu einer aktuellen Kontroverse in der Ethik des bewaffneten Konflikts*, hrsg. von Bernhard Koch, 27–73. Baden-Baden: Nomos.

Meireis, Torsten. 2017. Die Revisionist Just War Theory: Jeff McMahan. In *Handbuch Friedensethik*, hrsg. von Ines-Jacqueline Werkner und Klaus Ebeling, 327–339. Wiesbaden: Springer VS.

Melzer, Nils. 2009. *Interpretive Guidance on the Notion of Direct Participation in Hostilities under International Humanitarian Law*. Genf: Internationales Komitee vom Roten Kreuz.

Meßelken, Daniel. 2018. Gewalt – Versuch einer Begriffsklärung. In *Gewalt in der Bibel und in kirchlichen Traditionen*, hrsg. von Sarah Jäger und Ines-Jacqueline Werkner, 13–34. Wiesbaden: Springer VS.

Miller, Seumas. 2016. *Shooting to Kill. The Ethics of Police and Military Use of Lethal Force*. Oxford: Oxford University Press.

Nietzsche, Friedrich. 1988 [1883]. *Also sprach Zarathustra. Bd. I-IV*. Kritische Studienausgabe, hrsg. von Giorgio Colli und Mazzino Montinari. 2. Aufl. Berlin: de Gruyter.

Otsuka, Michael. 1994. Killing the Innocent in Self-Defense. *Philosophy & Public Affairs* 23 (1): 74–94.

Platon. 1994. *Nomoi (Gesetze) Buch I-III*. Übers. u. komm. von Klaus Schöpsdau. Göttingen: Vandenhoeck & Ruprecht.

Quong, Jonathan. 2009. Killing in Self-Defense. *Ethics* 119 (3): 507–537.

Rodin, David. 2002. *War and Self-Defense*. Oxford: Oxford University Press.

Rousseau, Jean-Jacques. 2004 [1762]. *The Social Contract*. London: Penguin.

Schmid, Bernhard (Hrsg.). 2009. *Kollektive Intentionalität. Eine Debatte über die Grundlagen des Sozialen*. Frankfurt a. M.: Suhrkamp.

Schmitt, Michael. 2010. The Interpretive Guidance on the Notion of Direct Participation in Hostilities: A Critical Analysis. *Harvard National Security Journal* 1: 5–44.

Shue, Henry. 2010. Do We Need A "Morality of War"? In *Just and Unjust Warriors. The Moral and Legal Status of Soldiers*, hrsg. von David Rodin und Henry Shue, 87–111. Oxford: Oxford University Press.

Steinhoff, Uwe. 2011. *Zur Ethik des Krieges und des Terrorismus*. Stuttgart: Kohlhammer.

Strawser, Bradley J. 2013. Revisionist Just War Theory and the Real World. A Cautiously Optimistic Proposal. In *Routledge Handbook of Ethics and War. Just War in the 21st Century*, hrsg. von Fritz Allhoff, Adam Henschke und Nick Evans, 76–89. Abingdon: Routledge.

Talmon, Stefan. 2014. Die Pflicht zur Drohne. http://www.faz.net/aktuell/politik/staat-und-recht/menschenrechte-die-pflicht-zur-drohne-13036828.html. Zugegriffen am 15. Dezember 2017.

Thomson, Judith Jarvis. 1991. Self-Defense. *Philosophy & Public Affairs* 20 (4): 283–310.

Werkner, Ines-Jacqueline. 2017a. *Militärische versus polizeiliche Gewalt. Aktuelle Entwicklungen und Folgen für internationale Friedensmissionen*. Wiesbaden: Springer VS.

Werkner, Ines-Jacqueline. 2017b. Just Policing. Ein neues Paradigma? In *Handbuch Friedensethik*, hrsg. von Ines-Jacqueline Werkner und Klaus Ebeling, 881–891. Wiesbaden: Springer VS.

Zanetti, Véronique. 2003. Paradigmenwechsel im Völkerrecht? In *Terror und der Krieg gegen ihn. Öffentliche Reflexionen*, hrsg. von Georg Meggle, 119–132. Paderborn: mentis.

Ius post bellum, ius ex bello, ius ad vim… – notwendige Erweiterungen einer Ethik rechtserhaltender Gewalt?

Peter Rudolf

1   Einleitende Bemerkungen

Wenn über die moralische Legitimität des Einsatzes militärischer Gewalt diskutiert wird, dann geschieht dies – ausgesprochen oder auch unausgesprochen, bewusst oder unbewusst – häufig im Rückgriff auf die oft missverstandene und kritisierte *bellum iustum*-Tradition.[1] Die *bellum iustum*-Tradition geht auf römische Wurzeln zurück; Augustinus und Thomas von Aquin entwickelten sie weiter; sie strahlte in die völkerrechtliche Diskussion aus und blieb bis heute wirkungsmächtig. Trotz aller Wandlungen im Laufe der Geschichte und ungeachtet der gegenwärtigen Auffächerung in unterschiedliche „Theorien" handelt es sich insofern um eine abgrenzbare ethische „Tradition", als ein überlieferter Bestand an Kategorien und Kriterien eine systematische Diskussion über die moralische Legitimität militärischer Gewaltanwendung ermöglicht.[2]

---

1   Dieser Beitrag stützt sich in Teilen auf Rudolf (2017a).

2   Zu Kennzeichen und Rolle ethischer Traditionen siehe Nardin (1992).

© Springer Fachmedien Wiesbaden GmbH, ein Teil von Springer Nature 2019
I.-J. Werkner und P. Rudolf (Hrsg.), *Rechtserhaltende Gewalt – zur Kriteriologie*, Gerechter Frieden, https://doi.org/10.1007/978-3-658-22946-7_6

Diese Tradition beinhaltet eine komplexe ethische Argumentation, die (wie ein Autor zutreffend bemerkte) in analoger Form
geradezu „wiedererfunden" werden müsste, wenn nicht an sie
angeknüpft werden könnte (Verstraeten 2004, S. 108). In dieser
Tradition geht es im Kern um den Versuch, einschränkende Kriterien für den Einsatz militärischer Gewalt zu entwerfen und
sowohl Prinzipien als auch Handlungsfolgen einer Beurteilung
zugrunde zu legen.[3] Allzu oft wird sie jedoch missverstanden –
und zwar im Sinne einer Art abzuhakender Liste von Kriterien,
anhand derer ein militärischer Gewalteinsatz sich abschließend
moralisch als gerechtfertigt oder ungerechtfertigt einstufen lasse.
Stattdessen geht es darum, einen Gewalteinsatz einer ständigen
kritischen moralischen Reflexion und Beurteilung zu unterwerfen
(vgl. Rengger 2005).

Auch wenn man sich am Begriff des „gerechten Krieges" stoßen
mag und besser von „legitimer Gewaltanwendung"[4] sprechen sollte,
so bilden die Bedingungen und Kriterien der Tradition des *bellum
iustum* in ihrer Gesamtheit und Komplexität ein Bezugssystem
für die öffentliche Debatte über den Einsatz militärischer Gewalt, das einen strukturierten Austausch normativer Argumente
als Grundlage verantwortungsvoller politischer Entscheidungen
ermöglichen kann (vgl. Kelsay 2013). So sind es im Wesentlichen
die folgenden Fragen, die dabei zu beantworten sind: Dient der
Einsatz militärischer Gewalt klar bestimmten legitimen Zwecken?
Rechtfertigen diese Zwecke also eine Ausnahme vom Tötungs-

---

3   Zu dieser Verbindung von deontologischen und konsequentialistischen
    Elementen und dem Versuch einer menschenrechtlichen Fundierung
    der Theorie des gerechten Krieges vgl. Illies (2008/09).

4   Eine solche Begrifflichkeit berücksichtigt auch den Umstand, dass
    militärische Gewalt in einem breiten Spektrum zur Anwendung
    kommt. Der Vorschlag zur Begrifflichkeit findet sich bei Baumann
    (2007, S. 332).

verbot? Sind sie verallgemeinerungsfähig und hierauf möglichst durch den Zwang zur Legitimation in multilateralen Verfahren „getestet"? Waren andere, gewaltärmere Mittel erfolglos oder bieten sie keine plausibel begründbare Erfolgsaussicht? Kann ein Einsatz militärischer Gewalt die mit ihm angestrebten legitimen Zwecke mit vernünftig begründeter Aussicht auf Erfolg dauerhaft und mit einem Minimum an Gewalt erreichen?

Versteht man den *just war*-Diskurs in dieser kritischen Weise, dann ist die friedensethische Rede von der Aufhebung der angeblich obsoleten Lehre des gerechten Krieges durch das Leitbild des gerechten Friedens in mehrfacher Hinsicht problematisch. Zunächst einmal: Der gerechte Frieden ist am ehesten als regulative Idee zu verstehen, die auf einen gerechten Ordnungszustand verweist; die Prinzipien und Kriterien des gerechten Krieges dagegen dienen dem Urteil darüber, ob, wann und unter welchen Bedingungen der Einsatz militärischer Gewalt als kleineres Übel gerechtfertigt sein kann (zu den verschiedenen Ebenen beider Begriffe vgl. Oberdorfer 2018). Ein gerechter Frieden ist unter Umständen in manchen Konflikten nicht nur unerreichbar, weil die Handlungsmöglichkeiten übersteigend, sondern auch nicht unbedingt eine notwendige Bedingung für einen rechtfertigungsfähigen Gewalteinsatz – so im Falle der Verteidigung gegenüber einer Aggression oder der Nothilfe in einer Situation drohenden Genozids (vgl. Platz 2015). Eine differenzierte ethische Beurteilung militärischer Gewaltanwendung ist unausweichlich, sofern man nicht eine radikal-pazifistische Haltung vertritt. Dabei es reicht nicht aus, die normative Debatte auf eine völkerrechtliche zu reduzieren, wie das in Deutschland oft der Fall ist. Denn zum einen ist das Völkerrecht zu interpretationsoffen, was die legitimen Gründe für einen Einsatz militärischer Gewalt angeht. Und zum anderen privilegiert das humanitäre Völkerrecht die militärische Notwendigkeit und erlaubt ein moralisch bedenkliches hohes

Maß an Gewalt. Noch ein weiterer Grund spricht zwingend dafür, die normative Debatte nicht auf eine völkerrechtliche zu reduzieren: Wir hätten dann keinerlei Maßstäbe, einen legalen, weil vom Sicherheitsrat mandatierten Militäreinsatz moralisch zu bewerten. Denn:

> „Ohne eine moralphilosophische Konzeption des gerechten Krieges gibt es keinen externen Standpunkt, von dem aus das Völkerrecht und seine Anwendung beurteilbar ist. Sie versucht eine Antwort zu geben auf die Frage nach den notwendigen und hinreichenden Bedingungen legitimer Androhung bzw. Ausübung von Gewalt." (Merker 2007, S. 123)

Nun kann man, wie in der Friedensdenkschrift der EKD (2007, Ziff. 102), die in der *bellum iustum*-Tradition enthaltenen Prüfkriterien aus ihrer traditionellen Verankerung lösen und als „allgemeine Kriterien einer Ethik rechtserhaltender Gewalt" reformulieren. So heißt dort:

> „Das moderne Völkerrecht hat das Konzept des gerechten Kriegs aufgehoben. Im Rahmen des Leitbilds vom gerechten Frieden hat die Lehre vom *bellum iustum* keinen Platz mehr. Daraus folgt aber nicht, dass auch die moralischen Prüfkriterien aufgegeben werden müssten oder dürften, die in den *bellum iustum*-Lehren enthalten waren. Denn ihnen liegen Maßstäbe zugrunde, die nicht nur für den Kriegsfall Geltung beanspruchen, sondern die sich (ausgehend vom Grundgedanken individueller Notwehr oder Nothilfe) ebenso auf das Polizeirecht, die innerstaatliche Ausübung des Widerstandsrechts und einen legitimen Befreiungskampf beziehen lassen." (EKD 2007, Ziff. 102)

Das Kriterium der *iusta causa* heißt jetzt „Erlaubnisgrund", auch die anderen Kriterien der *bellum iustum*-Tradition finden sich: Autorisierung, richtige Absicht, äußerstes Mittel (nicht chronologisch, sondern als gewaltärmstes wirksames Mittel begriffen),

Verhältnismäßigkeit der Folgen, Verhältnismäßigkeit der Mittel, Unterscheidungsprinzip (vgl. EKD 2007, Ziff. 102). Das Kriterium der Aussicht auf Erfolg wird in dieser Auflistung nicht genannt, findet aber an anderer Stelle Erwähnung (EKD, 2007, Ziff. 99). Der Einsatz militärischer Gewalt wird in diesem Rahmen, wie kritisch bemerkt wurde, in „Analogie zu Polizeieinsätzen verstanden" (Haspel 2011, S. 141). So heißt es denn in der Denkschrift:

> „Im heutigen völkerrechtlichen Kontext ist eine rechtmäßige Autorisierung militärischer Zwangsmittel nur als eine Art internationaler Polizeiaktion nach den Regeln der UN-Charta denkbar" (EKD, 2007, Ziff. 104).

Die nicht nur in der friedensethischen, sondern auch der breiteren politischen Diskussion in Deutschland erkennbare Scheu davor, sich näher auf die vor allem im englischsprachigen Raum rege geführte Diskussion zur *just war*-Theorie einzulassen, hat einen Preis: das weitgehende Fehlen einer differenzierten normativen Bewertung militärischer Auslandseinsätze, bei denen es sich keineswegs immer um eine Art Polizeiaktion handelt.

Damit sollte die Perspektive deutlich geworden sein, aus der sich im Folgenden der Blick auf die gegenwärtige ethische Debatte zum Einsatz militärischer Gewalt richtet. Speziell geht es um die Frage, inwieweit und auf welche Weise die in den letzten Jahren zu findenden Erweiterungen über die traditionellen Prinzipien und Kriterien hinaus auch im Rahmen der rechtserhaltenden Gewalt im Kontext des gerechten Friedens aufgenommen werden können, ja sollten.

Im *just war*-Diskurs, wie er vor allem im englischsprachigen Raum geführt wird, wimmelt es mittlerweile geradezu von lateinischen Begriffen. Seit geraumer Zeit ist nicht mehr allein die Rede vom *ius ad bellum* und vom *ius in bello*, sondern auch vom *ius post bellum*, vom *ius ex bello* (korrekt auch als *ius ad terminationem belli* bezeichnet, manchmal verhunzt zu einem *ius terminatio*), vom *ius ad vim* und gelegentlich gar von einem *ius ante bellum* (vgl. hierzu auch Allman und Winright 2012).

Hintergrund sind vor allem die Erfahrungen mit den militärischen Interventionen in der ersten Dekade des 21. Jahrhunderts: den Kriegen in Afghanistan und im Irak, aber auch Militäreinsätzen, die unterhalb der Schwelle dessen stattfinden, was gemeinhin als Krieg verstanden wird. Wie immer man den Afghanistan- und den Irak-Krieg unter dem Aspekt des *ius ad bellum* beurteilen mochte, ob als gerechtfertigt oder nicht, so warfen beide jedoch die Fragen auf, welche Verpflichtungen sich aus der Besetzung eines Landes ergeben und unter welchen Bedingungen ein Rückzug moralisch geboten ist (vgl. Rodin 2011; Lazar 2010).

Im Grunde ließen sich die aus dem *ius in bello* und dem *ius post bellum* ergebenden Verpflichtungen vielleicht unter das Kriterium der rechten Absicht subsumieren, wenn man es denn entsprechend aufgefächert versteht (Koeman 2007).[5] Für die Diskussion im Rahmen einer eigenständigen Kategorie des *ius post bellum* werden zwei Gründe angeführt: Zum einen wird so das *ius ad bellum* nicht mit zu großer Komplexität überfrachtet; zum anderen wird gerade auch Entscheidungsträgern die Bedeutung vor Augen geführt, die dieser Endphase eines Gewalteinsatzes zukommt (vgl. Orend 2008, S. 33). Während die Kategorie des *ius ex bello* begrifflich eine Neuschöpfung darstellt, können die Befürworter des *ius post bellum* auf Kant verweisen, bei dem die

---

5   Zur Auffassung, dass Verpflichtungen nach einem Gewalteinsatz bereits unter die Bedingungen des ius ad bellum (rechte Absicht) und des ius in bello (Unterscheidungs- und Verhältnismäßigkeitsgebot) subsumiert werden sollten, vgl. auch Pollard (2013).

drei Kategorien Recht zum Kriege, Recht im Kriege und Recht nach dem Kriege zu finden sind.[6]

2   *Ius post bellum*

Die heutige Diskussion um das *ius post bellum* wurzelt in der ethischen Diskussion – und zwar als Erweiterung der Debatte – um den gerechten Krieg. Inzwischen wird das *ius post bellum* auch unter Völkerrechtlern diskutiert. Während es in der ethischen Debatte um die Gesamtbewertung eines Gewalteinsatzes geht, handelt es sich im völkerrechtlichen Verständnis um getrennte Kategorien, für die eigenständige normative Regelungen gelten – Regelungen, die mit Blick auf die Nachkriegsphase sehr unterschiedlichen Bereichen entstammen (vgl. Stahn 2008). Ob die Entwicklung einer eigenen rechtlichen Kategorie des *ius post bellum* wünschenswert und möglich ist, bleibt strittig (vgl. De Brabandere 2010). Als „interpretativer Rahmen" zur Bewertung der „moralischen Legitimität unterschiedlicher rechtlicher und politischer Praktiken und Akteure" (Gallen 2014, S. 56) in Übergangsprozessen ergibt das *ius post bellum* Sinn. Im Folgenden beschränke ich mich aber auf die ethische Debatte.

Grob gesprochen finden sich in der sich entwickelnden Diskussion zum *ius post bellum* Vertreter einer minimalistischen und einer maximalistischen Position (vgl. Peperkamp 2014).[7] In

---

6   Wie Kants Kritik an der bellum iustum-Lehre auf der einen Seite und seine Ergänzung der beiden traditionellen Kategorien um das Recht nach dem Kriege auf der anderen Seite zu interpretieren sind, kann hier außer Acht bleiben; vgl. hierzu Frank (2010).

7   Als Beiträge zur Diskussion um das ius post bellum siehe etwa Bass (2004); Williams, und Caldwell (2006); Evans (2009); May (2012) sowie Frank (2009).

der ersten werden vor allem negative moralische Leitlinien postuliert, die sicherstellen sollen, dass die siegreiche Partei nicht über die Sicherung des den Gewalteinsatz rechtfertigenden Grundes hinausgeht. In der zweiten Sicht werden positive Pflichten der siegreichen Partei formuliert, die von der politischen Umgestaltung, dem wirtschaftlichen Wiederaufbau bis hin zur Unterstützung bei der politischen Aussöhnung reichen können. Sorge ist nicht, der Sieger könne den Sieg ausnutzen, sondern zu wenig tun. Dies sind die beiden Pole der Diskussion, in der, so der Befund von Lonneke Peperkamp (2014), die Minimalisten sich eher in die Richtung der Maximalisten bewegt haben. Einigkeit besteht in einigen normativen Kernelementen: in der Gewährleistung von Sicherheit, der Unterstützung bei der Rekonstruktion des besiegten Staates und der Strafverfolgung von Verbrechen. In gewisser Weise reflektiert die Diskussion um das *ius post bellum* die veränderte Form der Gewalteinsätze in den letzten Jahrzehnten, bei denen es weniger um klassische Verteidigungskriege gegen einen Aggressor ging, sondern um Interventionen in Staaten, die oftmals im Rahmen einer kosmopolitischen Moral begründet wurden. Solche Interventionen werfen in besonderer Weise die Frage auf, welcher Art der Friede sein soll und kann, der anzustreben ist.

Die Diskussion über das *ius post bellum* nimmt explizit die Frage nach den Prinzipien eines gerechten Friedens auf. Doch zu Recht wurde eingewandt, Fragen einer gerechten Nachkriegsordnung seien angemessener im Rahmen einer breiteren Friedensethik zu diskutieren. Die Theorie des gerechten Krieges und ihre substanziellen und prozeduralen Kriterien dienten dagegen der Bewertung militärischer Gewaltanwendung (vgl. Lazar 2010; Fixdal 2012). Wenig überzeugend findet ein Kritiker wie Seth Lazar (2012) jene drei Postulate, bei denen sich Vertreter eines *ius post bellum* weitgehend einig sind: Entschädigung, Bestrafung und zudem Verantwortung der Intervenierenden für den Wiederaufbau auch im Falle huma-

nitärer Interventionen. Dies sei eine rückwärts blickende enge
Begründung von Verpflichtungen, die auf der Annahme des Sieges
einer gerechtfertigt kämpfenden Partei basiere. Zu Recht sieht er
die Notwendigkeit ethischer Prinzipien für den Friedensaufbau,
die über das *just war*-Denken hinausgehen.

3   *Ius ex bello*

Insbesondere der Afghanistan-Krieg hat die in der Diskussion um
den gerechten Krieg wenig beachtete Frage aufgeworfen, unter
welchen Bedingungen die Beendigung eines Krieges moralisch
geboten ist und wie dies in verantwortungsvoller Weise geschehen kann (vgl. Rodin 2011, 2015; Moellendorf 2011). So könnte es
moralisch geboten sein, einen Krieg, der ursprünglich alle Kriterien eines gerechtfertigten Krieges erfüllt hat, zu beenden, auch
wenn die Ziele nicht erreicht sind. Dies wäre dann der Fall, wenn
die Zuversicht in einen Erfolg nicht mehr gegeben ist. Hierbei ist
zweierlei zu unterscheiden: Ist es die eingeschlagene Strategie, die
aller Wahrscheinlichkeit nach keinen Erfolg zeitigen wird? Oder
ist der Krieg auch mit einer anderen Strategie nicht zu gewinnen,
selbst wenn sie möglich und im Sinne des *ius in bello* moralisch
akzeptabel ist? Daher sollten die Erfolgsaussichten eines Krieges
und der verfolgten Strategien ständig überprüft werden. Umgekehrt könnte es angezeigt sein, einen nicht gerechtfertigten Krieg
fortzusetzen, etwa wenn bei der Beendigung eine humanitäre Kata-
strophe, insbesondere ein Genozid, wahrscheinlich wäre. Deshalb
erfordert ein militärischer Gewalteinsatz eine beständige ethische
Bewertung unter den Aspekten des gerechtfertigten Grundes,
der Verhältnismäßigkeit und der Erfolgsaussicht. Das heißt denn
auch: Es ist moralisch geboten, ständig zu prüfen, ob politische

Möglichkeiten der Kriegsbeendigung genutzt werden können (vgl. Moellendorf 2008; ferner Fabre 2015; Colonomos 2015).

Das Problem, wann die Beendigung von Gewalteinsätzen moralisch geboten ist, wird auch im Hinblick auf den „Krieg" gegen den Terrorismus diskutiert, genauer: gegen bestimmte transnationale terroristische Gruppen: Wenn, wie im Krieg gegen den Terrorismus, eine Bedrohung nicht völlig ausgeschaltet werden kann, stellt sich die Frage, wann der „Krieg" beendet werden sollte – und das heißt, welches verbliebene Risiko ein Staat in Kauf nehmen muss. Darf er, um die Risiken für die eigenen Bürger zu verringern, das Risiko für Bürger anderer Staaten erhöhen – nämlich das Risiko, zum Opfer sogenannter Kollateralschäden zu werden, etwa in der Folge von Drohneneinsätzen (vgl. Blum und Luban 2015)?

Beim *ius ex bello* geht es nicht nur darum, wann, sondern auch wie ein Gewalteinsatz zu beenden ist. Darell Moellendorf (2015) hat für diesen zweiten Aspekt eine Reihe von handlungsleitenden Prinzipien vorgeschlagen: Erstens das Prinzip der „all due haste", das heißt, Gewalteinsätze, deren Beendigung moralisch geboten ist, sollten nicht unnötig verlängert werden. Diese erfordert eine Beurteilung der „moralischen Risiken", die mit einer schnellen Beendigung verbunden sind. Das zweite Prinzip ist das der Minimierung moralischer Kosten. Darunter fallen insbesondere die Gefährdung von Zivilisten und das Risiko für jene Institutionen, die ein friedliches Zusammenleben ermöglichen. Das dritte Prinzip lautet „injustice mitigation", wonach die gerechtfertigten Ziele eines Gewalteinsatzes im Rahmen des Möglichen erreicht werden sollten. Komplettiert wird die Liste durch viertens die Forderung des Verzichts auf kriegsbedingte Gewinne und Ansprüche und fünftens das Gebot, Friedensverhandlungen in „good faith" zu führen.

4   *Ius ad vim*

Seit einiger Zeit wird die Frage diskutiert, ob die Theorie des gerechten Krieges der angemessene Bewertungsrahmen für die Anwendung militärischer Gewalt „short of war" ist, also unterhalb der Schwelle eines massiven zwischenstaatlichen Gewalteinsatzes. Denn solche Einsätze, so heißt es, zögen nicht die unvorhersehbaren und oftmals katastrophalen Folgen eines Krieges nach sich. Anhand dieses Befundes hat Michael Walzer vor einigen Jahren die Notwendigkeit einer „theory of just and unjust uses of force", eines *ius ad vim*, postuliert: Eine Theorie, die seiner Meinung nach permissiver als die *bellum iustum*-Theorie sein sollte, aber dennoch nicht übermäßig permissiv (vgl. Walzer 2006, S. 106).

In der Tat sind viele Einsätze militärischer Gewalt, insbesondere durch die Vereinigten Staaten, eng begrenzt. Der Vorstellung eines Krieges im Sinne einer massiven zwischenstaatlichen Gewaltanwendung entsprechen sie nicht. Die zerstörerischen Wirkungen sind kleiner und kalkulierbarer, die Zahlen ziviler Opfer niedrig, die Risiken für die eigenen Soldaten oft verschwindend gering oder schlicht nicht gegeben, wenn etwa Drohnen zum Einsatz kommen.[8] Der Griff zu solchen Formen des Einsatzes militärischer Gewalt ist politisch ohnehin schon verlockend. Sollte man ihn auch noch aus moralischer Perspektive erleichtern, indem ein anderer Maßstab an sie angelegt wird? Diejenigen unter den Experten, die sich offen für ein *ius ad vim* zeigen, betrachten die traditionellen Kriterien der *bellum iustum*-Tradition offensichtlich als ungeeignet für die Bewertung begrenzter Gewalteinsätze. Diese wären im Sinne

---

8   Da in Walzers Verständnis Krieg eine vom Frieden unterscheidbare soziale Situation ist, in der Soldaten als Vertreter politischer Gemeinschaften in einem Gewaltzustand mit eigenen Regeln aufeinanderprallen, bedarf es eines Begriffs für Gewalteinsätze unterhalb der Schwelle dessen, was er als Krieg versteht (so Koch 2017, S. 93f.).

eines *ius ad vim* als „Verteidigung" gegen Akte begrenzter Aggressionen (etwa terroristische Anschläge oder Entführungen von
Staatsbürgern) gerechtfertigt, das heißt als Antwort auf erlittenes
Unrecht (nicht ohne Grund wird der klassische Ausdruck *iniuria*
benutzt). Gelockert ist auch das Kriterium, dass der Gewalteinsatz
das äußerste Mittel sein soll: Die Anwendung militärischer Gewalt
sei dann gerechtfertigt, wenn eine Bedrohung abgewehrt werden
müsse und dies durch polizeiliche Mittel nicht möglich sei. Die
durchlässigeren Kriterien des *ius ad vim* sollten nur gelten, wenn
der begrenzte Gewalteinsatz nicht das Risiko einer Eskalation zu
einem Krieg in sich berge; sei dies der Fall, sollten die restriktiveren
Kriterien des *ius ad bellum* angewandt werden (vgl. Brunstetter
und Braun 2013).

Der Kritik, die gegen ein solches eigenständiges *ius ad vim*
vorgebracht wird, liegt die Befürchtung zugrunde, dadurch werde das Kriterium der *ultima ratio* aufgegeben und der Griff zu
militärischer Gewalt erleichtert, der immer die Tendenz zur Entgrenzung innewohne. Auch wenn nur wenige Menschen getötet
würden, müsse ein Gewalteinsatz das äußerste Mittel bleiben – aus
Respekt vor dem Leben derer, die dabei zu Schaden kommen oder
getötet werden (vgl. Coady 2013, S. 212f.). In der Tat scheinen die
Verfechter eines *ius ad vim* nicht ausreichend die grundsätzliche
Frage zu reflektieren, zu welchen Zwecken und unter welchen
Bedingungen Töten legitim ist, wenn es nicht allein der Abwehr
einer unmittelbaren Gefahr für Leib und Leben Angegriffener
dient. Militärische Gewalt ist etwas anderes als polizeiliche Gewalt.
Soldaten werden zwar im Rahmen des *peacekeeping* dazu eingesetzt, die Aufrechterhaltung des Friedens zu sichern. Sie erfüllen
dabei aber gleichsam polizeiliche Aufgaben, und die Regeln für
den Einsatz tödlicher Gewalt ähneln denen von Polizeikräften:
Der Gewalteinsatz muss sich auf das notwendige Minimum be-
schränken und der Abwehr einer unmittelbaren Gefährdung

dienen. *Peacekeeping* geht zwar heute einher mit einem gewissen Maß an Zwang, insbesondere gegen sogenannte „Spielverderber", darunter Milizen und Banden, die den Friedensprozess und/oder die Sicherheit der Zivilbevölkerung bedrohen. Aber auch solche Gruppen gelten im Rahmen des *peacekeeping* nicht als Feinde, die es militärisch zu besiegen oder zu neutralisieren gilt, nicht als Feinde, deren Tötung erlaubt ist, solange der bewaffnete Konflikt anhält und die Regeln des humanitären Völkerrechts beachtet werden. Sie gelten vielmehr als Mitglieder einer Gesellschaft, in der der Friede zu erhalten oder aufzubauen ist. Daraus leiten sich besondere normative Restriktionen für den Einsatz militärischer Gewalt ab, nämlich die Verpflichtung zu einem auf das notwendige Mindestmaß beschränkten abgestuften Einsatz (vgl. hierzu Levine 2014; Pfaff 2000; Rudolf 2017b).

Ein *ius ad vim* verwischt die Grenzen zwischen dem *just war*-Paradigma und dem Polizei-Paradigma. Befürworter eines solchen „hybriden" ethischen Bewertungsrahmens erhoffen sich davon eine Begrenzung der Gewaltanwendung, weil dabei ein geringeres Maß an tödlicher Gewalt, insbesondere in Form der Inkaufnahme der Tötung von Nichtkombattanten, zu rechtfertigen sei als im Begründungsrahmen des *ius ad bellum* (vgl. Ford 2013, S. 64). Doch dies geschieht um den Preis, die Voraussetzungen für den Einsatz militärischer Gewalt zu lockern.

5 Fazit und Folgerungen

Erstens: Die Erweiterung der Diskussion im Rahmen der *just war*-Theorie um ein *ius ex bello* und ein *ius post bellum* kann als Bestreben verstanden werden, die moralische Bewertung eines Gewalteinsatzes friedensethisch einzubetten und das leitende Prinzip eines gerechten Friedens aus seiner Abstraktheit zu lösen und gewissermaßen teleologisch zu operationalisieren. Die Diskussion um die Entwicklung eines *ius ad vim* muss als Reaktion auf veränderte Formen des Gewalteinsatzes gesehen werden, die das traditionelle Bild organisierter zwischenstaatlicher Gewaltanwendung sprengen, welches die *bellum iustum*-Diskussion geprägt hat.

Zweitens: Die Einsatzformen militärischer Gewalt sind unterschiedlich, doch es spricht wenig dafür, ein neues ethisches Paradigma zu entwickeln. Zwar gibt es immer wieder Stimmen, die vorschlagen, analoge Prinzipien für unterschiedliche Formen des Einsatzes militärischer Gewalt auszuarbeiten. Allerdings wäre das Ergebnis faktisch nur eine spezifizierte Version der in der Tradition diskutierten Prinzipien (vgl. Lucas 2011). Die allgemeinen Prinzipien und Kriterien, wie sie in der *bellum iustum*-Tradition erörtert werden, lassen sich auf alle Formen des Einsatzes und der Androhung militärischer Gewalt anwenden (vgl. Fisher 2011, S. 162; Frowe 2016). Die Diskussion des letzten Jahrzehnts um die Theorie des gerechtfertigten Krieges zeigt, dass der Begriff des Krieges als organisierte zwischenstaatliche Gewaltwendung unzureichend ist, wenn es um die ethische Reflexion von Gewalteinsätzen geht.

Drittens: Unzureichend, weil sich in mitunter spitzfindigen Debatten erschöpfend, ist auch die binäre Sicht „gerechtfertigt versus nicht gerechtfertigt", wie sie die Diskussionen insbesondere in der analytisch orientierten Ethik prägt.[9] Die Tragik eines im Ganzen eher gerechtfertigten Gewalteinsatzes als eines moralischen Übels wird in manchen analytisch-philosophischen Arbeiten zur *just war*-Theorie eher ausgeblendet als reflektiert (vgl. hierzu Neu 2013). Anders verhält sich dies tendenziell in der christlich-ethischen Diskussion, in der – nicht zuletzt auf der „theologischen

---

9   Dies gilt besonders für die revisionistische *just war*-Theorie. Einen kritischen Überblick gibt Meireis (2017); für einen Überblick über die neuere Debatte vgl. auch Lazar (2017).

Anthropologie der Sünde" beruhend – das Verständnis eines vergleichsweise gerechtfertigten Gewalteinsatzes leitend ist. Aus dieser Sicht ist auch ein eher gerechtfertigter Krieg immer ein Übel, aber nicht notwendigerweise ein moralisches Übel (vgl. Allman und Winright 2012, S. 184).

Viertens: Die traditionelle Unterscheidung zwischen *ius ad bellum* und *ius in bello* erweckt allzu leicht den falschen Eindruck, es gehe um die separate Bewertung unterschiedlicher, in ihrer moralischen Qualität unverbundener Phasen eines bewaffneten Konflikts und um das Abarbeiten einer Kriterienliste (vgl. Orend 2006, S. 105f.). Dagegen zeigt sich sehr deutlich in den jüngeren Debatten um das *ius ex bello* und das *ius post bellum*, dass nur eine „diachronische", nicht aber „synchrone" Beurteilung die angemessene ist (vgl. Schulzke 2015). Es geht also darum, die Praxis militärischer Gewaltanwendung im Hinblick auf die Zwecke, die Voraussetzungen und die Umsetzung auf Dauer und im Ganzen zu bewerten (vgl. Peperkamp 2016, S. 329).

Fünftens: Friedensethik beschneidet geradezu ihre orientierende politisch-gesellschaftliche Funktion, wenn sie sich nicht auf eine differenzierte Kriteriologie zur Bewertung militärischer Gewalteinsätze einlässt. Über die genaue Bedeutung der einzelnen Prinzipien und Kriterien wird man streiten, sind diese doch unvermeidlich interpretationsbedürftig. Oft wird sich keine Einigkeit über die einer Bewertung zugrundeliegenden Fakten und Einschätzungen erzielen lassen und entsprechend unterschiedlich werden Folgerungen ausfallen. Doch die Qualität der öffentlichen Debatte über den Einsatz oder Nichteinsatz militärischer Gewalt ließe sich steigern, indem man auf einen ethischen Bezugsrahmen zurückgriffe und ein institutionalisiertes Verfahren zu einer solchen Bewertung von Auslandseinsätzen schüfe.[10]

Literatur

Allman, Mark J. und Tobias L. Winright. 2012. Growing Edges of Just War Theory: Jus Ante Bellum, Just Post Bellum, and Imperfect Justice. *Journal of the Society of Christian Ethics* 32 (2): 173–191.

Bass, Gary J. 2004. Jus Post Bellum. *Philosophy and Public Affairs* 32 (4): 384–412.

Baumann, Dieter. 2007. *Militärethik. Theologische, menschenrechtliche und militärwissenschaftliche Perspektiven*. Stuttgart: Kohlhammer.

Blum, Gabriella und David Luban. 2015. Unsatisfying Wars: Degrees of Risk and the Jus Ex Bello. *Ethics* 125 (3): 751–780.

Brunstetter, Daniel und Megan Braun. 2013. From Jus ad Bellum to Jus ad Vim: Recalibrating Our Understanding of the Moral Use of Force. *Ethics and International Affairs* 27 (1): 87–106.

---

10 Aufmerksamkeit verdient daher ein Vorschlag, den David Fisher (2011, S. 249ff.), ein ehemaliger hochrangiger britischer Ministerialbeamter, mit Blick auf die Diskussion in Großbritannien unterbreitet hat: Vor jedem Krieg oder jeder anderen militärischen Aktion sollte die Regierung in einem kurzen *White Paper* die Gründe für den Gewalteinsatz darlegen und erläutern, inwieweit er den Kriterien des gerechten Krieges entspricht. Die Argumentation sollte nach Fishers Vorschlag von einem zu gründenden unabhängigen „Office of Moral Assessment" überprüft werden, einer Art Rat weiser Frauen und Männer. Nur wenn dieses Gremium den Gewalteinsatz für eher gerechtfertigt halte, könne er als rechtmäßig angesehen werden. Sinn dieser Bewertung sei es, dem britischen Parlament eine ethische Grundlage für die Entscheidung über den Militäreinsatz zur Verfügung zu stellen.

Coady, Cecil A. J. 2013. Preventive Violence: War, Terrorism, and Humanitarian Intervention. In *The Ethics of Preventive War*, hrsg. von Deen K. Chatterjee, 189–213. Cambridge: Cambridge University Press.

Colonomos, Ariel. 2015. Is There a Future for Jus Ex Bello. *Global Policy* 6 (4): 358–368.

De Brabandere, Eric. 2010. The Responsibility for Post-Conflict Reforms: A Critical Assessment of Jus Post Bellum as a Legal Concept. *Vanderbilt Journal of Transitional Law* 43: 119–149.

Evangelische Kirche in Deutschland (EKD). 2007. *Aus Gottes Frieden leben – für gerechten Frieden sorgen. Eine Denkschrift des Rates der Evangelischen Kirche in Deutschland*. Gütersloh: Gütersloher Verlagshaus.

Evans, Mark. 2009. Moral Responsibilities and the Conflicting Demands of Jus Post Bellum. *Ethics and International Affairs* 23 (2): 147–164.

Fabre, Cécile. 2015. War Exit. *Ethics* (125): 631–652.

Fisher, David. 2011. *Morality and War: Can War be Just in the Twenty-First Century*. Oxford: Oxford University Press.

Fixdal, Mona. 2012. *Just Peace. How Wars Should End*. New York: Palgrave Macmillan.

Ford, S. Brandt. 2013. Jus ad Vim and the Just Use of Lethal Force-Short-of-War. In *Routledge Handbook of Ethics and War*, hrsg. von Fritz Allhoff, Nicholas G. Evans und Adam Henschke, 63–75. New York: Routledge.

Frank, Martin. 2009. Das ius post bellum und die Theorie des gerechten Krieges. *Politische Vierteljahresschrift* 50: 732–753.

Frank, Martin. 2010. Kant und das Recht nach dem Krieg. *Zeitschrift für philosophische Forschung* 64 (4): 498–519.

Frowe, Helen. 2016. On the Redundance of Jus ad Vim: A Response to Daniel Brunstetter and Megan Braun. *Ethics and International Affairs* 30 (1): 117–129.

Gallen , James. 2014. Jus Post Bellum: An Interpretative Framework. In *Jus Post Bellum: Mapping the Normative Foundations,* hrsg. von Carsten Stahn, Jennifer S. Easterday und Jens Iverson, 56–79. Oxford: Oxford University Press.

Haspel, Michael. 2011. Friedensethik zwischen Rechtsethik und Ethik des Politischen. Reflexionen anlässlich des Afghanistan-Krieges. In: *Friedensethik im 20. Jahrhundert*, hrsg. von Volker Stümke und Matthias Gillner, 135–152. Stuttgart: Kohlhammer.

Illies, Christian. 2008/09. Das normative Fundament des Gerechten Krieges und das Nachhaltigkeitsgebot der Friedenssicherung, *Scheidewege. Jahresschrift für skeptisches Denken* 38: 164–187.

Kelsay, John. 2013. Just War Thinking as a Social Practice, *Ethics and International Affairs* 27 (1): 67–86.

Koch, Bernhard. 2017. Hybride Ethik für hybride Kriege? Reichweite und Grenzen der sogenannten „revisionistischen Theorie des gerechten Krieges". In *Krieg im 21. Jahrhundert. Konzepte, Akteure, Herausforderungen*, hrsg. von Hans-Georg Eckhart, 88–113. Baden-Baden: Nomos.

Koeman, Annalisa. 2007. A Realistic and Effective Constraint on the Resort to Force? Pre-commmitment to Jus in Bello and Jus Post Bellum as Part of the Criterion of Right Intention. *Journal of Military Ethics* 6 (3): 198–220.

Lazar, Seth. 2010. *Endings and Aftermath in the Ethics of War.* Oxford: Centre for the Study of Social Justice.

Lazar, Seth. 2012. Scepticism about Jus Post Bellum. In *Morality, Jus Post Bellum, and International Law*, hrsg. von Larry May und Andrew Forcehimes, 204–222. Cambridge: Cambridge University Press.

Lazar, Seth. 2017. Just War Theory: Revisionists Versus Traditionalists. *Annual Review of Political Science* 20: 37–54.

Levine, Daniel H. 2014. *The Morality of Peacekeeping.* Edinburgh: Edinburgh University Press.

Lucas, Jr., George R. 2011. "New Rules for New Wars": International Law and Just War Doctrine for Irregular War. *Case Western Reserve Journal of International Law* 43: 677–705.

May, Larry. 2012. *After War Ends: A Philosophical Perspective.* Cambridge: Cambridge University Press.

Meireis, Torsten. 2017. Die Revisionist Just War Theory: Jeff McMahan. In *Handbuch Friedensethik*, hrsg. von Ines-Jacqueline Werkner und Klaus Ebeling, 327–339. Wiesbaden: Springer VS.

Merker, Barbara 2007.Was leistet die Theorie des gerechten Krieges heute? In *Der gerechte Friede zwischen Pazifismus und gerechtem Krieg. Paradigmen der Friedensethik im Diskurs*, hrsg. von Jean-Daniel Strub und Stefan Grotefeld, 117–131. Stuttgart: Kohlhammer.

Moellendorf, Darrel. 2008. Jus ex Bello. *The Journal of Political Philosophy* 16 (2): 123–136.

Moellendorf, Darrel. 2011. Jus ex Bello in Afghanistan. *Ethics and International Affairs* 25 (2): 155–164.

Moellendorf, Darrel. 2015. Two Doctrines of Jus ex Bello. *Ethics* 125: 653–673.

Nardin, Terry. 1992. Ethical Traditions in International Affairs. In *Traditions of International Ethics*, hrsg. von Terry Nardin und David R. Mapel, 1–22. Cambridge: Cambridge University Press.

Neu, Michael 2013. The Tragedy of Justified War. *International Relations*, 27 (4): 461–480.

Oberdorfer, Bernd. 2018. „Gerechter Frieden" – mehr als ein weißer Schimmel? Überlegungen zu einem Leitbegriff der neueren theologischen Friedensethik. In *Frieden und Gerechtigkeit in der Bibel und in kirchlichen Traditionen*, hrsg. von Sarah Jäger und Horst Scheffler, 13–30. Wiesbaden: Springer VS.

Orend, Brian. 2006. *The Morality of War*. Peterborough, Ontario: Broadview Press.

Orend, Brian. 2008. Jus Post Bellum: A Just War Theory Perspective. In *Jus Post Bellum. Towards a Law of Transition from Conflict to Peace*, hrsg. von Carsten Stahn und Jann K. Kleffner, 31–52. Den Haag: TMC Asser Press.

Peperkamp, Lonneke. 2014. Jus Post Bellum: A Case of Minimalism versus Maximalism? *Ethical Perspectives* 21 (2): 255–288.

Peperkamp, Lonneke. 2016. The Blurry Boundaries Between War and Peace: Do We Need to Extend Just War Theory. *Archiv für Rechts- und Sozialphilosophie* 102 (3): 315–332.

Pfaff, Tony. 2000. *Peacekeeping and the Just War Tradition*. Carlisle, PA: Strategic Studies Institute, U.S. Army War College.

Platz, Jeppe von. 2015. The Ideal of Peace and the Morality of War. *Theoria* 62 (4): 23–42.

Pollard, Emily. 2013. The Place of jus post bellum in Just War Considerations. In *Routledge Handbook of Ethics and War. Just War Theory in the Twenty-First Century*, hrsg. von Fritz Allhoff, Nicholas G. Evans und Adam Henschke, 93–104. New York: Routledge.

Rengger, Nicholas. 2005. The Judgment of War: On the Idea of Legitimate Force in World Politics. *Review of International Studies* 31: 143–161.

Rodin, David. 2011. Ending War. *Ethics and International Affairs* 25 (3): 359–367.

Rodin, David. 2015. The War Trap: Dilemmas of Ius Terminatio. *Ethics* 125: 674–695.

Rudolf, Peter. 2017a. *Zur Legitimität militärischer Gewalt.* Bonn: Bundes-
    zentrale für politische Bildung.
Rudolf, Peter. 2017b. *VN-Friedensmissionen und der Einsatz militärischer
    Gewalt.* Berlin: Stiftung Wissenschaft und Politik.
Schulzke, Marcus. 2015. The Contingent Morality of War: Establishing a
    Diachronic Model of Ius ad Bellum. *Critical Review of International
    Social and Political Philosophy* 18 (3): 264–284.
Stahn, Carsten. 2008. Jus Post Bellum: Mapping the Discipline(s), In
    Jus Post Bellum. Towards a Law of Transition from Conflict to Peace,
    hrsg. von Carsten Stahn und Jann K. Kleffner, 93–112. Den Haag:
    TMC Asser Press.
Verstraeten, John. 2004. From Just War to Ethics of Conflict Resolution,
    Ethical Perspectives 11 (2–3): 99–110.
Walzer, Michael. 2006. Regime Change and Just War. *Dissent* Summer
    2006: 103–108.
Williams, Jr., Robert E. und Dan Caldwell. 2006. Jus Post Bellum: Just
    War Theory and the Principles of Just Peace. *International Studies
    Perspectives* 7 (4): 309–320.

Politische Sanktionen im Lichte rechtserhaltender Gewalt

Sascha Werthes

1 Einleitung

In jüngerer Zeit haben die multinationalen Sanktionen gegen Russland im Zusammenhang mit der Annexion der Krim und der Ukrainekrise sowie die unilateralen Sanktionsbemühungen der Trump-Regierung im Zusammenhang mit dem Ausstieg aus dem Iran-Atomdeal viel mediale Aufmerksamkeit in Deutschland erhalten. Während die jüngsten UN-Sanktionen gegen Mali weitestgehend unter dem medialen Aufmerksamkeitsradar verhängt wurden, blieben die Verschärfungen der UN-Sanktionen gegen Nordkorea wiederum nicht unbeobachtet.

Diese Beispiele verweisen darauf, dass Sanktionsmaßnahmen trotz aller Kritik an ihrer Wirksamkeit nach wie vor ein wichtiges Mittel der internationalen Politik als Reaktion auf normbrechendes Verhalten darstellen. Als Zwangs- und Beugemaßnahmen sind sie jedoch auch jenseits von Erfolgserwartungen nicht unumstritten. Betroffene wie die nordkoreanische Regierung betrachten die gegen sie verhängten UN-Sanktionen als „kriegerischen Akt" (zit. nach FAZ-Net vom 24.12.2017). Im Fall von Nordkorea werden die ethi-

© Springer Fachmedien Wiesbaden GmbH, ein Teil von Springer Nature 2019
I.-J. Werkner und P. Rudolf (Hrsg.), *Rechtserhaltende Gewalt – zur Kriteriologie*, Gerechter Frieden, https://doi.org/10.1007/978-3-658-22946-7_7

schen Fallstricke von Sanktionen aktuell wieder besonders deutlich. Während sich das Editorial Board des *Wall Street Journal* am 4. September 2017 für die Einstellung von Nahrungsmittelhilfe als Sanktionsmaßnahme gegen Nordkorea ausspricht „to bring down a government", verurteilt der Sicherheitsrat in seiner Resolution 2417 vom 24. Mai 2018 Hunger als Methode der Kriegsführung. Erinnerungen an die katastrophalen humanitären Folgen des Sanktionsregimes gegen den Irak Anfang der 1990er Jahre werden hierbei lebendig.

Diese in Schlagworten angedeutete fortbestehende Bedeutung von Sanktionspolitik als Instrument eines internationalen Krisen- und Konfliktmanagements und damit verbundener ethischer Problemlagen bilden die Grundlage für die folgenden Betrachtungen. Im Fokus steht die Frage, wie sich die Sanktionspraxis in den letzten drei Dekaden entwickelt hat und inwieweit diese den Prüfkriterien rechtserhaltender Gewalt standhält. Hierzu startet der Beitrag mit einleitenden Reflexionen zu Begriff und Funktionen von Sanktionen (Kapitel 2) und deren zentralen Wirkungsmodellen (Kapitel 3), welche die empirische Betrachtung der Evolution der Sanktionspraxis in Kapitel 4 anleiten. In Kapitel 5 wird die bisherige internationale Sanktionspraxis im Lichte der Kriterien einer Ethik rechtserhaltender Gewalt untersucht. Diese Prüfkriterien dienen – so die zentrale These dieses Beitrages – als Orientierungspunkte, an denen sich auch eine „gerechte und gerechtfertigte" ideale Sanktionspraxis messen lassen müsste.

2 Sanktionen – Zu Begriff und Funktionen

Sanktionen können als eine Maßnahme der sozialen Kontrolle verstanden werden, also als Reaktionen anderer auf normgemäßes oder von der Norm abweichendes Verhalten eines Sanktionsadressaten (vgl. Werthes 2003, S. 21ff.). In ihrer *negativen* Form können Sanktionen den Charakter von Zurechtweisungen, Beuge- oder Zwangsmaßnahmen oder auch Bestrafungen haben. In ihrer *positiven* Form entsprechen sie Anreizen oder Belohnungen (vgl. Werthes 2013, S. 67; Daase 2016, S. 12f.).

Die Einordnung von Sanktionsmaßnahmen erfolgt dabei zumeist aus Sicht der *Sanktionierenden*. So kann die Orientierung westlicher Geberländer, in der Entwicklungszusammenarbeit die Gewährung entwicklungspolitischer Hilfen mit politischen Reformen in Richtung einer Verbesserung der *Good Governance*-Performanz von Staaten zu verknüpfen (vgl. BMZ 2009), als politischer Konditionalisierungsversuch verstanden werden. Mittels positiver Sanktionen gilt es hier also, normativ gewünschtes Verhalten zu fördern und letztlich zu belohnen (vgl. Nanda 2006). Aus der Sicht potenzieller Empfängerländer entwicklungspolitischer Hilfeleistungen wird diese Konditionalität jedoch gegebenenfalls als (neo-) koloniale Beugemaßnahme zur Durchsetzung „westlich" geprägter *Governance*-Vorstellungen interpretiert (vgl. Blunt 1995; Jeong 2018). Dies muss berücksichtigt werden, will man den möglichen Beitrag „positiver" Sanktionen als Mittel zur Unterstützung eines Prozesses zur Annäherung an einen gerechten Frieden beziehungsweise im Umgang mit Friedensgefährdungen thematisieren (vgl. EKD 2007, Ziff. 9ff., 16–18).[1]

In der öffentlichen Diskussion erhalten Sanktionen zumeist besondere Aufmerksamkeit, wenn sie als Beuge- oder Zwangsmaßnahmen zur Anwendung kommen. Dies gilt insbesondere dann, wenn sie im Rahmen einer Friedens- und Sicherheitspolitik als

---

[1] Einen möglichen Ausweg bieten hierbei sicherlich konsensual abgestimmte bilaterale oder multilaterale Verständigungen über den inhaltlichen Wesensgehalt von Good Governance, wie sie sich beispielsweise in der Resolution A/Res/50/225 der Generalversammlung der Vereinten Nationen vom 1. Mai 1996 finden.

Maßnahme eines internationalen Krisen- und Konfliktmanagements verhängt werden. Jenseits der instrumentellen Frage nach dem Erfolg beziehungsweise der politischen Wirksamkeit von jeglicher Art von Sanktionsmaßnahmen (vgl. hierzu Jentleson 2000, S. 125ff.) stellen negative Zwangsmaßnahmen die sanktionierenden Akteure in besonderer Weise vor die Herausforderung, ethische Abwägungen bezüglich der Mittelwahl und ihrer möglichen Folgen (beispielsweise humanitärer Art) anzustellen (vgl. u. a. Weiss et al. 1997; Winkler 1999, Gordon 1999a).

Eine Betrachtung der Berichterstattung über (negative) Sanktionen zeigt, dass die Formulierung von mehr oder weniger konkretisierten Aufhebungsbedingungen von Sanktionsmaßnahmen leicht dazu verleitet, den Zweck und den Erfolg von Sanktionen vor allem in der Erzwingung eines bestimmten Handelns (oder einer Verhaltensänderung) des Sanktionsadressaten zu sehen (einschlägig die Studie von Hufbauer et al. 2009). So wird im Falle der Verhängung von Sanktionen durch den UN-Sicherheitsrat der Erfolg zumeist daran gemessen, ob die Zwangsmaßnahmen nach Artikel 41 der UN-Charta zeitnah dazu führen, dass der Adressat sein friedensbedrohendes Verhalten ändert. Der öffentlichen Aufmerksamkeit entgeht dabei schnell, dass die in der Präambel der entsprechenden Resolution festgehaltene normative Begründung für die Verhängung der Sanktionsmaßnahmen nach Kapitel VII der Charta – und damit für die Frage nach legaler sowie legitimer rechtserhaltender Gewalt – gleichermaßen von Bedeutung ist. Dabei entscheidet sich hier, welche Normen durch die Androhung oder Verhängung von Sanktionen „zwangsbewehrt", also nachdrücklich bekräftigt werden. Zugleich hat der UN-Sicherheitsrat im Verlaufe der letzten 25 Jahre die ihm zugewiesene Autorität auch dazu verwendet, definitorische Lücken und Interpretationsspielräume der Charta zu nutzen. Durch die immer neue Interpretation dessen, was eine Bedrohung des internationalen Friedens darstellt, gelingt es hierbei dem UN-Sicherheitsrat, neue normative Begründungszusammenhänge zur Legitimierung von Sanktionen zu etablieren.

So verweist die Völkerrechtlerin Erika de Wet (2004, S. 149) in diesem Zusammenhang darauf, dass eine kontinuierliche und konsistente sowie grundsätzlich akzeptierte Interpretationspraxis seitens des Sicherheitsrats, der Umstände, welche eine Bedrohung des internationalen Friedens darstellen, den Handlungshorizont für rechtserhaltende Gewalt erweitern könne. Insbesondere wenn die normativ argumentierte Begründung der Verhängung von Maßnahmen gerechtfertigten Zwangs (nach Art. 39 der UN-Charta) ohne Rückbezug auf den Tatbestand eines *inter*nationalen bewaffneten Konflikts geschieht, besteht die Möglichkeit, dass durch die Evolution der Sanktionspraxis normative Dimensionen eines positiven Friedens (also nicht nur die Bewahrung eines zwischenstaatlichen Friedens beziehungsweise die Wiederherstellung der Abwesenheit von *zwischen*staatlichen Kriegen) perspektivisch „zwangsbewehrt" werden.

Damit sind zwei bedeutsame Funktionen von Sanktionsregimen benannt: zum einen das Bestreben, den sanktionierten Akteur zu stigmatisieren und ihm „die Missbilligung seines Verhaltens durch die Staatengemeinschaft deutlich vor Augen zu führen" (Kulessa und Starck 1997, S. 4) als auch die weiterhin gültige Verbindlichkeit einer Norm durch die Androhung oder Verhängung von Sanktionen zu signalisieren (vgl. auch Daase 2014); zum anderen die willensbeugende Funktion, welche den Sanktionsadressaten zu einer Änderung seines Verhaltens zwingen soll.[2] Entsprechend orientiert sich auch das *Targeted Sanctions Consortium* in Anleh-

---

2   In der einschlägigen Literatur werden weitere – nicht immer trennscharfe – Funktionen genannt: So können Sanktionen beispielsweise auch eine Abschreckungsfunktion beinhalten, wobei hier die Sanktionsmaßnahmen nicht unmittelbar in Bezug zum eigentlichen Sanktionsadressaten betrachtet werden, sondern vor allem mit Blick

nung an Francesco Giumelli (2016, S. 39f.) bei der Bewertung des instrumentellen Nutzens beziehungsweise Erfolges von Sanktionen an diesen beiden Funktionen des Signalisierens beziehungsweise der Stigmatisierung und der Willensbeugung. Als dritte Funktion und Erfolgskriterium wird die Konflikteinhegung durch Ressourcenverweigerung (beispielsweise durch Waffen- und Ölembargos) genannt, womit die Fortführung eines sanktionierten Verhaltens erschwert werden soll.

3 Wirkungsmodelle von Sanktionen

Den hier angesprochenen Funktionen liegen zugleich unterschiedliche theoretische Wirkungsmodelle von Sanktionen zugrunde. Idealtypisch lassen sich vier Modelle[3] unterscheiden: Sowohl das klassische als auch das interessenpluralistische Modell postulieren einen kausalen Nexus zwischen wirtschaftlichen Kosten und politischem Verhalten (vgl. auch im Folgenden Rudolf 2006, S. 12ff.). Das *klassische Modell* – von Johan Galtung (1967) als naive Theorie von Sanktionen kritisiert – geht von der simplen Annahme aus, dass die Wahrscheinlichkeit, einen beabsichtigten politischen Effekt bei Sanktionsadressaten zu erzielen, mit der Höhe des durch Sanktionen verursachten (wirtschaftlichen) Schadens im Zielland korreliert (*pain equals gain*). Das Modell postuliert also, dass zu

---

auf Staaten und politische Eliten, die von entsprechendem (normverletzenden) Verhalten abgehalten werden sollen.

3 Im Anschluss an Baldwin und Pape (1998, S. 193) sei auf die vielfältig bestehenden Kausalmechanismen verwiesen. Bei den hier vorgestellten Wirkungsmodellen handelt es sich um im akademischen Diskurs besonders dominant in Erscheinung tretende Varianten. Ein aktueller und systematisch aufgearbeiteter Forschungsstand findet sich bei Eriksson (2016a).

einem im Voraus nicht zu bestimmenden Zeitpunkt die (ökonomi-schen, aber auch politischen) Kosten von Sanktionen den Nutzen der sanktionierten Politik übersteigen. Entsprechend würden rational kalkulierende Regierungen ihre Politik dann anpassen. Das klassische Modell wurde als „naiv" kritisiert, da es übersieht, dass insbesondere autoritäre Systeme mit einem funktionierenden Unterdrückungs- und Propagandaapparat ihre Herrschaft auch angesichts einer dramatischen Verschlechterung der sozio-öko-nomischen Lage und gegenüber einem *internal-opposition*-Effekt absichern können. Insbesondere autoritäre Regime können durch dirigistische Maßnahmen ihre Kontrollmöglichkeiten ausbauen oder durch Stärkung klientelistischer Beziehungen ihre Macht er-halten (vgl. Rudolf 2006, S. 13). Ethisch fragwürdig ist hier zudem, dass entsprechende Sanktionsregime keinen Unterschied zwischen politisch Verantwortlichen und der sonstigen Bevölkerung machen (vgl. Garfield 1999; Gordon 1999b, Gordon 2002).

Das *interessenpluralistische Modell* folgt derselben Logik, be-trachtet jedoch die sanktionierten Herrschaftsregime nicht als monolithische politische Einheit. Folglich sollen Sanktionen ziel-gerichtet die politisch verantwortliche staatliche Führung und die sie stützenden oder alternative einflussreiche wirtschaftliche und politische Eliten treffen, um insbesondere deren Kosten-Nut-zen-Erwägungen zu beeinflussen (*focussed pain equals gain*). Erhofft wird, dass entsprechende Gruppen dann ihren Einfluss nutzen, um auf eine Änderung der problematisierten Politik zu drängen. Aber auch hier gilt, dass staatliche Akteure mittels Anpassungs- und Verteilungsmaßnahmen durchaus die Effekte von gezielten Sanktionen konterkarieren oder zumindest minimieren können (vgl. Eriksson 2016b, S. 203).

Das *Modell der Ressourcenverweigerung* folgt einer anderen Wirkungslogik. Hier gelten Sanktionen als erfolgversprechend, wenn es gelingt, den sanktionierten Akteuren die materiellen

Ressourcen zur Fortführung der problematisierten Politik zu entziehen (vgl. Crawford und Klotz 1999, S. 28). Exemplarisch sind hier Waffenembargos oder Sanktionen gegen Konfliktdiamanten, mit denen beispielsweise Rebellengruppen in Angola, Sierra Leone und Liberia von der Versorgung mit Waffen oder Einkünften aus dem Verkauf von Blutdiamanten abgeschnitten werden sollen. Voraussetzung ist jedoch, dass die Verfolgung der sanktionierten Politik von der Versorgung mit diesen materiellen Ressourcen abhängig ist. Dieses Wirkungsmodell fokussiert auf die Einhegung von gewaltsamen Konflikten, indem die Versorgung mit notwendigen Mitteln (Waffen, finanzielle Mittel für die Versorgung der Milizen und Kombattanten) unterbunden oder zumindest erschwert wird.

Schließlich lässt sich idealtypisch ein Modell beschreiben, welches *Sanktionen als Element internationaler (normativer) Kommunikation* versteht (vgl. Crawford und Klotz 1999, S. 27f.). Der kommunikative Akt, welcher durch die Verhängung von Sanktionen untermauert wird, zielt nicht unmittelbar auf die Verhaltensänderung des Adressaten (auch wenn diese durchaus erwünscht ist), sondern soll vielmehr die internationale Missbilligung eines Normbruchs signalisieren (vgl. Elliott 2010, S. 87; Taylor 2010, S. 20) und dabei zugleich die weiterhin durch die Sanktionierenden explizit gewollte Gültigkeit der Norm nachdrücklich bekräftigen. Diesbezüglich können Sanktionen als eine Art Zwangsbewehrung internationaler Normen verstanden werden (vgl. Daase 2014; Taylor 2010, S. 20), in der eine von den Völkerrechtssubjekten geteilte Rechtsüberzeugung zum Ausdruck kommt (vgl. auch Barber 1979, S. 382; Crawford und Klotz 1999, S. 28). Wenn jedoch ein solcher kommunikativer Akt über symbolische Sanktionsmaßnahmen hinausgeht und Unschuldige leiden müssen, wirft dies ethische Fragen über die Angemessenheit der Reaktion auf (vgl. Winkler 1999, S. 145).

Entsprechend zu diesen Überlegungen finden sich in den Debatten zur Verhängung, Verlängerung oder Ausweitung von Sanktionsmaßnahmen häufig argumentative Rechtfertigungsfiguren, die sich diesen Wirkungsmodellen zuordnen lassen. Augenscheinlich gibt es hier eine Parallele zu den Rechtfertigungsgründen für einen militärischen Gewalteinsatz wie sie sich in der Tradition des gerechten Krieges finden (vgl. Rudolf 2014, 2017). Diese Parallele ist letztlich nicht zufällig, können doch die (humanitären) Folgen von Sanktionsregimen oder die sozio-ökonomischen Folgen auf Nachbarstaaten ähnlich gravierend wie die eines Krieges sein. Dies hat nicht zuletzt das internationale Sanktionsregime gegen den Irak gezeigt, in dessen Folge hunderttausende Iraker starben.[4]

Die EKD (2007, Ziff. 98–103) hat versucht, die ursprünglich auf die Disziplinierung militärischer Gewalt (sprich: Krieg) ausgerichteten kritischen Fragen in Prüfkriterien einer Ethik rechtserhaltender Gewalt zu überführen. Eine „ideale" und „gerechtfertigte" Sanktionspraxis sollte sich diesen kritischen Fragen und Prüfkriterien stellen können (vgl. Boulden und Charron 2009/10, S. 10f.).

4   Zwischen Ideal- und Realpolitik: Die Evolution der bisherigen internationalen Sanktionspraxis

Bereits 1996 macht die Sanktionsexpertin Margaret P. Doxey (1996, S. 48) auf ein Paradox aufmerksam: Obwohl in der internationalen Politik der zweiten Hälfte des 20. Jahrhunderts der Gebrauch von Sanktionen zur Durchsetzung von (neuen) internationalen Normen

---

4   Die genaue Zahl ist strittig. Simons (1999, S. 175) spricht beispielsweise mit Blick auf Zahlen der *Food and Agriculture Organization of the United Nations* von mehr als 500.000 toten Kindern infolge des Sanktionsregimes.

zunimmt und üblich wird, gelingt es nicht, zugleich einen formal
(rechtlich) geregelten und vorhersagbaren Sanktionsmechanismus
zu etablieren. Hierdurch entstehe eine problematische Schieflage, da
eine Sanktionspraxis im Sinne einer rechtserhaltenden Gewalt auch
mit Rechtssicherheit einhergehen müsse. Gleiches Fehlverhalten
und vergleichbare Normbrüche müssen erwartbare vergleichbare
Sanktionsmaßnahmen zur Konsequenz haben (ähnlich kritisch
äußerte sich in jüngster Zeit auch Enrico Carisch [2017]).

Auf eine weitere Problematik verweist Vera Gowlland-Debbas
(2009/10, S. 120, 123), wenn sie betont, dass die politischen Entscheidungen des UN-Sicherheitsrats, gewisse Politiken staatlicher und
nichtstaatlicher Akteure als Bedrohung des Friedens einzustufen,
heute in vielen Fällen durch den Verweis auf die Verletzung völkerrechtlicher Normen und eben nicht primär durch den faktischen
Nachweis kriegerischer Gewalt geschieht. Diesbezüglich spricht de
Wet (2004, S. 150) von einer „Doppelstrategie" des Sicherheitsrates.
Hierbei werden innerstaatliche Situationen (beispielsweise das
Vorhandensein gravierender Verstöße gegen die Menschenrechte)
angesichts ihrer faktischen oder möglichen Auswirkungen auf die
Nachbarstaaten (zum Beispiel die Destabilisierung durch transnationale Fluchtbewegungen), die auch zu einer Militarisierung der
entstehenden Konfliktlagen führen könnten, als eine Bedrohung des
*inter*nationalen Friedens und der Sicherheit erklärt. Dies wiederum
legitimiert dann die Verhängung von Kapitel VII-Maßnahmen.

Diese Erweiterungen von Bedrohungen des internationalen
Friedens (vgl. Werthes 2013, S. 168ff.) in der sogenannten Sankti-
onsdekade (vgl. Cortright und Lopez 2000) entlang einer „Doppelstrategie" umfasst nun eine Vielzahl von „Tatbeständen", welche
vormals – so Gowlland-Debbas (2009/10, S. 123) – zum Aufga-
benspektrum friedensbildender Maßnahmen gehörten. Entlang
eines inkrementellen Pragmatismus (vgl. Werthes 2013, S. 190) hat
sich also die Entscheidungspraxis des Sicherheitsrats evolutionär

fortentwickelt. Sanktionen werden international zunehmend als ein Instrument rechtserhaltender Gewalt verstanden, verhängt und bei recht unterschiedlichen Normverstößen (moralisch beziehungsweise politisch) gerechtfertigt.

Das *Targeted Sanctions Consortium* (TSC) hat 2016 die bisherige Sanktionspraxis der Vereinten Nationen mit Blick auf die zur Rechtfertigung herangezogenen internationalen Normen ausgewertet (vgl. Tabelle 1).

Tab. 1 Norms signalled by UN targeted sanctions (Biersteker et al. 2016, S. 24)

Norm signaled	Principal norm		Norm	
	Frequency	%	Frequency	%
Prohibition of war/armed conflict	32	52	36	57
Counter-terrorism	9	15	15	24
Non-constitutional change in government	7	11	15	24
Non-proliferation	7	11	8	13
Improved governance (e.g. natural resources/security sector)	4	6	9	14
Protect population under R2P	2	3	4	6
Support judicial process	1	2	21	33
Human rights	1	2	28	44
Authority of regional arrangements	0	0	23	37
Authority of the UN Security Council	0	0	7	11

Note: Percentage calculated from valid cases only; non-applicable and missing data excluded.

Entlang dieser Auswertung von Sanktionsepisoden verweisen Thomas J. Biersteker und Kollegen (2016, S. 23) auf einige wichtige

Befunde: Erstens findet sich in allen 63 UN-Sanktionsepisoden des TSC-Datensatzes ein primärer Normbezug. Hierin sehen sie einen Nachweis dafür, dass die Formulierung von (erfolgreichen) Sanktionsbeschlüssen als Mechanismus zur Stärkung (Zwangsbewehrung) oder Etablierung von internationalen Normen (Schaffung von Präzedenzfällen) verstanden werden kann. Zweitens verweisen sie darauf, dass sich gerade deswegen die Verhandlungen über einen Resolutionsentwurf zur Einrichtung eines Sanktionsregimes häufig als politisch hart umstrittene Vorhaben erweisen können. Ursächlich hierfür ist, dass durch entsprechende Entscheidungen – im Zusammenhang mit der erwähnten Doppelstrategie – unterschiedlichste Begebenheiten und Vorgänge nach Artikel 39 der UN-Charta als Bedrohung des Friedens eingestuft werden können. Demgemäß wird die Schaffung eines entsprechenden politisch bindenden Präzedenzfalls von politischen Akteuren begrüßt oder auch abgelehnt. Drittens wird entlang des primären Normbezugs häufig auch das Ziel des Sanktionsregimes formuliert, wobei sich durchaus auch weitere Normbezüge und ergänzende Ziele und Zwecke in den Resolutionstexten finden können (vgl. Tabelle 2).

Insofern die Folgen von Sanktionsregimen für die betroffenen Staaten, Gesellschaften sowie einzelnen Gruppen und Individuen durchaus gravierend sein können, scheint es durchaus sinnvoll, an eine verantwortungsvolle Sanktionspolitik ethische Erwartungen zu formulieren. Erinnert sei hier noch einmal an die recht drastische Kritik, wie sie beispielsweise Geoff Simons (1999, S. xi) vorgebracht hat, der Sanktionen gar als „genocidal tool" bezeichnet.

Tab. 2 Objectives of UN targeted sanctions (Biersteker et al. 2016, S. 25)

	Objective		Primary objective	
Objectives	Frequency	%	Frequency	%
Armed conflict	42	67	37	59
Cease hostilities	31	49	-	-
Peace enforcement	31	49	-	-
Support peace building	10	16	-	-
Negotiation of peace agreement	8	13	-	-
Human rights	22	35	0	0
Democracy support	17	27	6	10
Counter-terrorism	15	24	9	14
Good governance	8	13	1	2
Support judicial process	6	10	1	2
Non-proliferation	7	11	7	11
Support humanitarian efforts	4	6	0	0
Protect population under R2P	2	3	2	3

Note: Percentage calculated from valid cases only; non-applicable and missing data excluded.

5 Sanktionen im Lichte der Kriterien einer Ethik der rechtserhaltenden Gewalt

Die in der Friedensdenkschrift der EKD (2007, Ziff. 102) formulierten Kriterien einer Ethik rechtserhaltender Gewalt können als erste mögliche Charakteristika einer „idealen" Sanktionspolitik verstanden und mit der „realen" Sanktionspraxis, wie sie sich in den letzten Jahren evolutionär entwickelt hat, abgeglichen werden. Eine „ideale Sanktionspolitik" soll hierbei vereinfacht entlang einer normativ wünschenswerten Vorstellung von Politik verstanden werden, in der politisches Handeln (sprich die reale Sanktionspraxis) „guten" Zielen wie zum Beispiel der Förderung von Frieden, dem Erhalt oder der Durchsetzung einer auf dem Völkerrecht basierenden Ordnung dient, welche durch angemessene, legitime und legale Mittel erreicht werden sollen. Sanktionen werden somit nicht einfach als ein rein utilitaristisches „gewaltarmes" Mittel verstanden, das entlang der Logik von „der Zweck heiligt die Mittel" verhängt werden kann. Vielmehr wird die Verhängung von negativen Sanktionen durchaus als ein eher unerwünschtes, aber manchmal notwendig werdendes reaktives „Übel" verstanden, das mit Blick auf die Ziele, die mit Sanktionen verfolgt werden und die Konsequenzen die Sanktionsregime eben doch haben können, rechtfertigungsbedürftig ist.

5.1   Erlaubnisgrund

Nach der EKD-Denkschrift (2007, Ziff. 102) kann Gegengewalt angesichts schwerster, menschliches Leben und gemeinsam anerkanntes Recht bedrohender Übergriffe eines Gewalttäters erlaubt sein. Gegengewalt, hier verstanden als eine rechtserhaltende Zwangsgewalt, soll dabei unmittelbar oder mittelbar (potenzielle) Gewaltopfer schützen und Normen einer gemeinsamen Rechtsordnung verteidigen.

Das System der kollektiven Sicherheit der Vereinten Nationen ist auf den ersten Blick im Einklang mit diesem Kriterium. Es setzt im Umgang mit Streitigkeiten und Situationen, die den Weltfrieden und die internationale Sicherheit gefährden können, grundsätzlich auf drei Mechanismen: auf Selbstverpflichtung, Hilfe zur Selbsthilfe sowie Zwangsmaßnahmen. So verpflichten sich Staaten durch ihren Beitritt zu den Vereinten Nationen zunächst selbst, pro-aktiv an der Verwirklichung und dem Erhalt einer Friedensordnung mitzuwirken (vgl. Präambel sowie Kapitel I der UN-Charta). Entlang von Kapitel VI kann die internationale (Staaten-)Gemeinschaft auf jede Streitigkeit und jede Situation reagieren, „deren Fortdauer geeignet ist, die Wahrung des Weltfriedens und der internationalen Sicherheit zu gefährden" (Art. 33 UN-Charta). Im Sinne einer „Hilfe zur Selbsthilfe" kann der Sicherheitsrat nach Art 33, Abs. 2 UN-Charta Parteien auffordern, Streitigkeiten durch geeignete friedliche Mittel und Verfahren (zum Beispiel durch Verhandlung, Untersuchung, Vermittlung, Vergleich, Schiedsspruch, gerichtliche Entscheidung) beizulegen. Darüber hinaus kann er nach Art. 36 UN-Charta tätig werden und geeignete Verfahren oder Methoden für den Umgang mit Streitigkeiten und Situationen „empfehlen" oder, strenger formuliert, sie „auffordern", den von ihm für notwendig und erwünscht erachteten Maßnahmen Folge zu leisten". Sofern der Sicherheitsrat nach Art. 39 UN-Charta verbindlich feststellt, dass eine Bedrohung oder ein Bruch des Friedens oder eine Angriffshandlung vorliegt, kann er nach Kapitel VII schließlich Zwangsmaßnahmen – unter Ausschluss von Waffengewalt (Art. 41) oder gar militärische Zwangsmaßnahmen (Art. 42) – empfehlen oder auch für alle Mitgliedstaaten verbindlich beschließen.

Spannend wird es jedoch hinsichtlich der übergeordneten Zwecke und Ziele (im Sinne von Erlaubnisgründen) von Zwangsmaßnahmen seitens der Vereinten Nationen. Unproblematisch ist zunächst einmal, dass es Sinn und Zweck von Zwangsmaßnahmen ist, „den Weltfrieden und die internationale Sicherheit zu wahren oder wiederherzustellen" (Art. 39 UN-Charta). Historisch betrachtet waren Sanktionen – nichtmilitärische und militärische Zwangsmaßnahmen – im Kontext des Systems kollektiver Sicherheit vor allem als Reaktion auf die Bedrohung des Friedens durch *zwischen*staatliche Gewalt (letztlich Kriege) angedacht. Problematischer erscheint daher, dass Frieden, Weltfrieden oder auch internationale

Sicherheit innerhalb der Charta nicht eindeutig definiert sind (vgl. Goede 2009, FN 1; Hahlbohm 1993, S. 27).[5]

Diese definitorische Unschärfe hat sich der Sicherheitsrat pragmatisch zunutze gemacht, indem er entlang der bereits dargelegten Doppelstrategie die Auswirkungen von Situationen *innerhalb* von Staaten auf die internationalen und regionalen Beziehungen als (neue) Bedrohung des internationalen Friedens und der Sicherheit thematisierte und definierte. Entscheidend ist hierbei, dass die im Rahmen von innerstaatlichen Konflikten verübten Verstöße gegen das humanitäre Völkerrecht sowie gravierende Verletzungen der Menschenrechte oder ähnliche Normverstöße *nicht per se* die legitimatorische Grundlage für eine Feststellung der Bedrohung des Friedens und damit für Kapitel VII-Zwangsmaßnahmen darstellen, „sondern die *Auswirkungen* auf die internationalen Beziehungen und die Wahrscheinlichkeit, dass sich hieraus ein internationaler bewaffneter Konflikt entwickeln könnte" (Werthes 2013, S. 169ff.). Die definitorische Unschärfe ist also nicht völlig frei von Risiken. Die bisherige Interpretationspraxis entlang der Doppelstrategie erscheint jedoch bisher als unproblematisch, da die berücksichtigten Tatbestände letztlich darauf zielen, unmittelbar oder mittelbar gefährdete (potenzielle) Gewaltopfer zu schützen und Normen einer gemeinsamen Rechtsordnung zu verteidigen.

5.2   Autorisierung

Das Kriterium der Autorisierung schränkt die Zahl der Akteure ein, welche „im Namen verallgemeinerungsfähiger Interessen aller

---

5   Goede (2009, FN 1) hält fest, dass der Begriff „Frieden" zwar mehr als fünfzig Mal in der UN-Charta verwendet, jedoch an keiner Stelle definiert wird.

potenziell Betroffenen" (EKD 2007, Ziff. 102) dazu legitimiert sind, Zwangsmaßnahmen zu verhängen. Der Einsatz von rechtserhaltender Gewalt soll hierbei der Herrschaft des Rechts unterworfen sein.

Nicht selten wird in der öffentlichen Debatte nicht genauer zwischen unilateralen, multilateralen und internationalen Sanktionsregimen unterschieden (vgl. Carisch 2015, S. 1). Die Vereinten Nationen sind jedoch eine der wenigen Organisationen mit universeller Mitgliedschaft, die für alle Mitgliedstaaten verbindliche Sanktionsmaßnahmen beschließen können. Zudem gehört die Wahrung des Weltfriedens und der internationalen Sicherheit zu ihrem originären Mandat. Den UN-Sanktionsregimen kommt damit völkerrechtlich eine besondere Bedeutung zu.

Fragen im Bereich der Friedenswahrung können innerhalb der Vereinten Nationen durch verschiedene Organe und Institutionen behandelt werden. Insbesondere der Generalversammlung und dem Sicherheitsrat kommen hierbei eine große Bedeutung zu. Die Hauptverantwortung für die Wahrung des Weltfriedens trägt jedoch der Sicherheitsrat (Art. 24 UN-Charta). Nach Art. 11, Abs. 2 UN-Charta kann sich die Generalversammlung auch mit Fragen die Wahrung des Weltfriedens betreffend befassen und hierzu Empfehlungen formulieren und beschließen, allerdings nur, solange der Sicherheitsrat in dieser Sache nicht aktiv ist oder auf Ersuchen durch ihn (Art. 12 UN-Charta).

Der UN-Sicherheitsrat ist somit in Fragen der Wahrung des Weltfriedens die legitime Autorität, welche über die Verhängung von Kapitel VII-Zwangsmaßnahmen und damit über den Einsatz von rechtserhaltender Gewalt entscheiden kann. Die Zusammensetzung des Sicherheitsrats sowie die Arbeits- und Entscheidungsprozesse bringen jedoch einige ethische Problematiken mit sich, die sich bis heute nicht völlig auflösen ließen. So verhindert die Veto-Option der fünf permanenten Sicherheitsratsmitglieder faktisch, dass sie selbst oder auch enge Alliierte zu Adressaten von Zwangsmaßnahmen werden. Zugleich ist der Sicherheitsrat in erster Linie ein politisches Gremium, welches nicht unbedingt nach formal juristischen Verfahrensschritten arbeiten muss und passende quasi-richterliche Entscheidungen fällt. So betont Gowlland-Debbas (2009/10, S. 122): „the mandatory decisions of the security council [...] are the outcome of political considerations, not legal reasoning". Zudem sind politische Entscheidungsprozesse unter Zeit- und Erwartungsdruck und angesichts einer komplexen Konfliktlage in besonderem Maße anfällig für Versuche der Manipulation und Beeinflussung, da die Überzeugungsbildung nicht unbedingt entlang der Feststellung von („rechtserheblichen") Sachverhalten und von Prozessen eines gerichtlichen Beweis- und Anhörungsverfahrens erfolgt. Joanna Weschler (2009/10, S. 35f.) betont zudem:

> "It is important to keep in mind that the council – or rather its permanent members – has always been resistant to settling on any generic policy or to adopt firm rules on its procedures for fear of constraining its ability as a body to act quickly and take decisions."

Angesichts dieser Zurückhaltung von Sicherheitsratsmitgliedern, vor allem der fünf permanenten, die politischen Entscheidungsprozesse stärker allgemeinverbindlichen und strenger formalisierten Regeln zu unterwerfen, ist es erstaunlich, dass sich im Laufe der Zeit und einhergehend mit neuen Erfahrungen dennoch gewisse *best practice*-Routinen entwickelt haben. Diese heben die ethischen Problematiken zwar nicht auf, entschärfen sie jedoch. Beispielhaft seien hier die Vorabentsendung von unabhängigen Expertengruppen und *fact finding missions* erwähnt, welche die Lage vor Ort und die Auswirkungen auf die Region möglichst neutral und überparteilich analysieren und entsprechende Handlungsoptionen und gegebenenfalls angemessene Zwangsmaßnahmen erarbeiten und empfehlen sollen. Häufig wird hierbei auch eine Vielzahl von zivilgesellschaftlichen Akteuren angehört und deren Informationen ausgewertet und einbezogen. Auch werden Zwangsmaßnahmen mit Vorlaufzeiten und in der Regel nur noch zeitlich begrenzt verhängt. Vorlaufzeiten ermöglichen, dass neue Informationen oder aktuelle Entwicklungen zu einer Neubewertung der Situation führen können. Zeitliche Begrenzungen verhindern, dass die graduelle oder vollständige Aufhebung von Zwangsmaßnahmen durch ein Veto der fünf permanenten Sicherheitsratsmitglieder (aufgrund einer eigennützigen Interessenpolitik oder einer versteckten Agenda) verhindert werden kann (vgl. Werthes 2013, S. 89).

Zu beachten ist zudem, dass der Sicherheitsrat zwar verbindlich Zwangsmaßnahmen beschließen kann, die Implementierung und Umsetzung der Sanktionsbestimmungen jedoch durch jeden einzelnen Mitgliedsstaat selbst erfolgen muss. Das heißt, vom Sicherheitsrat beschlossene Sanktionsmaßnahmen haben letztlich nur dann eine vielversprechende Aussicht auf eine effektive Umsetzung, wenn die jeweiligen Mitgliedstaaten nicht nur in der Lage sind, diese Maßnahmen umzusetzen, sondern auch der nötige politische Wille hierzu vorhanden ist. Faktisch ist der politische Wille eben auch davon abhängig, dass die Entscheidungen des Sicherheitsrats als rechtmäßig und gerechtfertigt erscheinen. Zugleich kann die Beteiligung an der Umsetzung von Sanktionsbeschlüssen und damit die faktische Zwangsbewehrung einer Norm als Indikator für die Legitimität der Entscheidung und als partizipativer Konsensakt (im Sinne einer *throughput*-Legitimität) innerhalb der internationalen (Staaten-)Gemeinschaft verstanden werden.

5.3   Richtige Absicht

Zentrales Element dieses Kriterium ist die disziplinierende Orientierung auf das Ziel, die Bedingungen gewaltfreien Zusammenlebens (wieder-)herzustellen. Die Anwendung rechterhaltender Gewalt muss daher über eine darauf bezogene Konzeption verfügen (vgl. EKD 2007, Ziff. 102).

In der Logik der Charta-Bestimmungen ist das primäre Ziel von Zwangsmaßnahmen der Vereinten Nationen grundsätzlich immer, den Weltfrieden und die internationale Sicherheit zu wahren und wiederherzustellen. Es wurde bereits ausgeführt, dass einzelne Zwangsmaßnahmen durchaus moderateren Zwecken zugeordnet werden können. So werden Waffenembargos als zweckmäßige Mittel der Ressourcenverweigerung verhängt, wobei die Einhegung des gewaltsamen Konfliktaustrags dem Ziel dienen soll, die Voraussetzungen für die Wiederherstellung des Friedens zu schaffen. Alternativ kann auch die Verhinderung einer weiteren Eskalation des Konfliktes im Fokus stehen. Der Zweck kann, wie dargelegt, auch darin bestehen, einen nicht akzeptierten Normbruch zu signalisieren und dadurch potenzielle andere Normbrecher abzuschrecken und die Einhaltung der als wichtig erachteten Normen einer internationalen Friedensordnung zu forcieren.

Im Rahmen der Doppelstrategie werden in den Resolutionen fast immer näher konkretisierte Sekundärziele und Zwecke als Aufhebungsbedingungen formuliert (vgl. Werthes 2013, S. 79ff., 176ff.; Carisch et al. 2017). Die Bandbreite reicht hier von der Aufforderung zur Beendigung nuklearer Rüstungsprogramme über die Auslieferung von mutmaßlichen Terroristen bis hin zur Aufforderung zur aktiven Aufnahme von Friedensverhandlungen oder Teilnahme an Friedensprozessen.

Bei einem politischen Entscheidungsgremium wie dem Sicherheitsrat kann nicht ausgeschlossen werden, dass zwar rechte Intentionen propagiert, aber zugleich andere entlang nationaler Interessen bestimmte Gründe entscheidend sind. Den angeführten *best practice*-Beispielen kommt, wenn sie zu standardisierten Routinen werden, hierbei jedoch ebenfalls eine die ethische Problematik einhegende Rolle zu. Die im Laufe der Zeit zu beobachtende zunehmende Konkretisierung und Ausformulierung von Aufhebungsbedingungen hat zumindest perspektivisch die Klarstellung legitimer und rechter Absichten verbessert. Dies gilt umso mehr in der zunehmenden Zahl von Fällen, in denen Sanktionen erst im Nachgang zu einem zuvor geschlossenen Friedensvertrag initiiert wurden, um einen fragilen Friedensprozess zu fördern und zu stabilisieren (zu Sanktionen als *postconflict tool* vgl. Charron 2011).

Problematischer ist es, wenn man die Perspektive erweitert und danach fragt, ob auch die Blockierung bestimmter Zwangsmaßnahmen in rechter Absicht erfolgt. So blockierte Frankreich lange Zeit aus ökonomischen Interessen die Verhängung eines Holzexportembargos gegen Liberia. Während man die Diamantenverkäufer in den Kriegsökonomien mit Sanktionen bestrafte, verzichtete man darauf, gegenüber Ankäufern von Blutdiamanten Sanktionen zu verhängen (vgl. hierzu Carisch 2017). Initiativen wie der Kimberley-Prozess, welche den Handel mit Blutdiamanten verhindern sollen, erhöhen jedoch die Chance, dass spezifische Sanktionsmaßnahmen nicht aufgrund problematischer Intentionen blockiert werden.

5.4   Äußerstes Mittel, Verhältnismäßigkeit der Folgen und der Mittel sowie Unterscheidungsprinzip

Die *ultima ratio* beziehungsweise das äußerste Mittel zielt darauf ab, unter allen geeigneten Mitteln die jeweils gewaltärmsten Mittel vorzuziehen. Mit diesem Kriterium sind drei weitere Kriterien eng verknüpft. So betont das Kriterium der *Verhältnismäßigkeit der Mittel,* notwendig erachtete Maßnahmen mit Blick auf Umfang, Dauer und Intensität so anzuwenden, dass Leid und Schaden auf dasjenige notwendige Mindestmaß begrenzt werden, welches eine Aussicht auf Erfolg (die Bedrohung abzuwenden oder eine Beendigung des Konflikts herbeizuführen) offeriert. Zugleich soll die Ausübung der Gewalt nicht direkt beteiligte Personen und Einrichtungen schonen (*Unterscheidungsprinzip*). Schließlich ist eine *Verhältnismäßigkeit der Folgen* zu wahren. Gemeint ist hierbei, dass die (politisch-institutionellen, ökonomischen, sozialen, kulturellen, ökologischen) Folgen der Zwangsmaßnahme nicht mehr Schaden verursachen als die Umstände, die sie zu verhindern suchen (vgl. EKD 2007, Ziff. 102).

Nichtmilitärische Zwangsmaßnahmen nach Art. 41 UN-Charta haben sich in den 1990er Jahren zu einem favorisierten Mittel des internationalen Krisenmanagements des Sicherheitsrats entwickelt. Innerhalb der Charta-Logik kann der Sicherheitsrat militärische Maßnahmen nach Art. 42 UN-Charta erst dann in Betracht ziehen, wenn nichtmilitärische Zwangsmaßnahmen als unzulänglich angesehen werden oder sich als unzulänglich erwiesen haben (*ultima ratio*). Die Charta erlaubt es, Sanktionsregime zunächst als alleinige Maßnahmen zu ergreifen, um gegebenenfalls zu einem späteren Zeitpunkt doch noch auf militärische Zwangsmittel zurückzugreifen. Möglich ist jedoch auch, nichtmilitärische und militärische Maßnahmen parallel und ergänzend zueinander zu beschließen sowie mit Empfehlungen nach Kapitel VI zu verknüpfen.

Bei den weiteren mit der *ultima ratio* verknüpften Kriterien waren die gerade zu Beginn der 1990er gemachten Erfahrungen eher besorgniserregend. So wurden die humanitären Folgen von umfassenden Sanktionsregimen insbesondere im Falle des Irak auffällig. Die hohe mediale und politische Aufmerksamkeit führte dazu, dass die Zustimmung für derartig weitreichende Sanktionsregime sank und Forderungen nach Modifikationen für eine verantwortungsvollere Sanktionspraxis immer lauter wurden.

In der Folge wurde die Mandatierungspraxis mit Blick auf humanitäre Rücksichten beständig verfeinert und professionalisiert. Eingerichteten Sachverständigengruppen, Sanktionsausschüssen oder auch dem Generalsekretär wurden Berichtspflichten über vorhandene oder mögliche humanitäre Folgen der geplanten beziehungsweise verhängten Maßnahmen auferlegt. So wurde beispielsweise im Falle des 1051er-Sanktionsregimes darauf verzichtet, die Implementierung der Einschränkung des Flugverkehrs im Sudan durchzusetzen, da der damalige UN-Generalsekretär Boutros Boutros Ghali zuvor auf die möglichen humanitären Folgen einer solchen Maßnahme hingewiesen hatte (vgl. S/1996/940 vom 17. November 1996, Part C, § 18). Ebenso wurde der Generalsekretär im Falle des 1343er-Sanktionsregimes aufgefordert, einen vorläufigen Bericht (innerhalb eines Monats) zu den möglichen ökonomischen, humanitären und sozialen Folgen der mandatierten und möglicher zukünftiger Maßnahmen vorzulegen (vgl. S/Res/1343 vom 7. März 2001, § 8, 13a, 19). Exemplarisch ist auch das mit der Resolution 1572 eingerichtete Sanktionsregime gegen die Elfenbeinküste (S/Res/1572 vom 15. November 2004). In den entsprechenden Paragraphen wurden aus humanitären, sozialen und kulturellen Erwägungen heraus formulierte Ausnahmeregelungen für gezielte Reisebeschränkungen und Finanzsanktionen sowie das Waffenembargo bestimmt.

Nach 1994 wurde kein umfassendes Sanktionsregime mehr beschlossen. Die internationale (Staaten-)Gemeinschaft setzt nun auf sogenannte *targeted sanctions* (Doxey 2002). Mittels gezielter Sanktionsmaßnahmen sollen seither die politisch-institutionellen, ökonomischen, sozialen, kulturellen sowie ökologischen Folgen im Sinne der Verhältnismäßigkeit der Mittel und Folgen als auch entlang des Unterscheidungsprinzips berücksichtigt werden. Dennoch bleibt ein Restrisiko, wie Biersteker (2009/10, S. 100) pointiert zusammenfasst:

"If properly targeted and implemented, targeted sanctions do not penalize an entire population for actions taken by an unrepresentative (and often unelected) elite. They can relieve the sanctions instrument of some, but not necessarily all, of its negative humanitarian costs".

Auch entlang eines Unterscheidungsprinzips verhängte gezielte Sanktionen gegen Individuen stehen durchaus in der Kritik (vgl. Biersteker 2009/10; Gordon 2011; s. auch die Reaktion von Lopez 1999). Ethisch fragwürdig ist, dass die politischen und administrativen Verfahrensschritte bei der Verhängung von gezielten Sanktionen gegenüber Individuen bisher eher nur rudimentär entwickelte Rechtswege bereithalten, um sich entlang rechtsstaatlicher Verfahren gegen möglicherweise ungerechtfertigte Sanktionen zu wehren. Mit der Sicherheitsratsresolution 1904 vom 17. Dezember 2009 wurde jedoch zumindest das „Büro der Ombudsperson" eingerichtet. Dieses beschäftigt sich unabhängig und überparteilich mit Anträgen von Personen und Einrichtungen, welche eine Streichung von Sanktionslisten fordern. Seine Arbeit soll helfen, Menschenrechtsstandards im Kontext von Sanktionsregimen zu verbessern (vgl. UN 2015).

6   Fazit und Folgerungen: Gibt es eine Notwendigkeit zur Kriterienerweiterung?

Sicherlich lassen sich angesichts der vielfältigen Innovationen und Modifikationen, welche die Sanktionspraxis seit Beginn der 1990er Jahre wesentlich verändert haben, Sanktionen nicht mehr so leicht als eine Form des Krieges mit anderen Mitteln beschreiben, wie dies Sarah Zaidi noch 2014 tut. Dennoch ist ihrem grundsätzlichem Fazit zuzustimmen:

> "War is widely acknowledged to be a terrible, quintessentially human horror. To those with humanitarian sentiments war is something to be avoided altogether or waged with great reluctance as very last resort. It is […] overdue for sanctions to be considered in the same light" (Zaidi 2014, S. 6).

Die kritische Betrachtung hat gezeigt, dass sich die bisherige UN-Sanktionspraxis durchaus im Sinne einer Ethik rechtserhaltender Gewalt evolutionär fortentwickelt hat. Auch wenn ihre Kriterien nie explizit normativer Orientierungspunkt für die innovative Weiterentwicklung einer Sanktionspolitik waren, so lässt sich doch eine positive Evolution der empirisch beobachtbaren Sanktionspraxis konstatieren. Sanktionen werden gegenwärtig ethisch verantwortungsvoller und disziplinierter verhängt, auch wenn dieser Prozess nach wie vor noch nicht abgeschlossen ist.

Die zur Verbesserung des Sanktionsinstrumentariums institutionalisierten Konsultationsprozesse und temporär eingerichteten Arbeitsgruppen verweisen dabei zugleich auf ein zu ergänzendes Prüfkriterium für eine Ethik rechtserhaltender Gewalt: Angesichts politischer und nicht legalistischer Entscheidungen (die ethisch sicherlich wünschenswert sein könnten) müsste ein gegenüber dem Sicherheitsrat und seinen Entscheidungsprozessen anleitendes prozessuales Kriterium der *politischen Klugheit* Berücksichtigung finden. Dies meint die Orientierung an einer Verfahrensgerechtigkeit und Modifikations- beziehungsweise Innovationsbereitschaft im Kontext der ständig zu leistenden Verbesserung der Sanktionspraxis. Dies erfordert eine ständige Situationsanalyse und die kontinuierlich neu zu leistende Erwägung von (alternativen) Handlungsmöglichkeiten im Sinne einer Geschicklichkeit im Abwägen der Zwangsmittel (um die unwandelbaren Ziele in wechselnden Situationen auf immer neuen Wegen anzustreben). Die positive Bewertung situationsgemäßer Geschicklichkeit steht unter der Voraussetzung, dass es um gute Ziele geht und dass unabdingbare Prinzipien nicht verraten werden (vgl. Sutor 1997, S. 49). Voraussetzung hierfür ist die Lernbereitschaft der politisch Verantwortlichen, welche so in einen kontinuierlichen Verbesserungsprozess münden kann. Ähnliches hatte Kofi Annan vielleicht im Sinn, als er 1998 seine eindrückliche Warnung formulierte:

> "The international community should be under no illusion: […] humanitarian and human rights policy goals cannot easily be reconciled with those of a sanctions regime. It cannot be too strongly emphasized that sanctions are a tool of enforcement and, like other methods of enforcement, they will do harm. This should be borne in mind when the decision to impose them is taken, and when the results are subsequently evalutated." (A/53/1 vom 27. August 1998, Paragr. 64)

Literatur

Baldwin, David A. und Robert A. Pape. 1998. Evaluating Economic Sanctions. *International Security* 23 (2): 189–198.

Barber, James. 1979. Economic Sanctions as Policy Instrument. *International Affairs* 55 (3): 367–384.

Biersteker, Thomas, J. 2009/10. Targeted Sanctions and Individual Human Rights. *International Affairs* 65 (1): 99–117.

Biersteker, Thomas J., Marcos Tourinho und Sue E. Eckert. 2016. Thinking about United Nations targeted sanctions. In *Targeted Sanctions. The Impacts and Effectiveness of United Nations Actions*, hrsg. von Thomas J. Biersteker, Sue E. Eckert, und Marcos Tourinho, 11–37. Cambridge: Cambridge University Press.

Blunt, Peter. 1995. Cultural relativism, "good" governance and sustainable human development. *Public Administration and Development* 15 (1): 1–9.

Boulden, Jane und Andrea Charron. 2009/10. Evaluating UN Sanctions: New Ground, New Dilemmas, and Unintended Consequences. *International Journal* 65 (1): 1–11.

Bundesministerium für wirtschaftliche Zusammenarbeit und Entwicklung (BMZ). 2009. *Förderung von Good Governance in der deutschen Entwicklungspolitik*. BMZ Konzepte 172. Bonn: BMZ.

Carisch, Enrico. 2015. Naiv oder ignorant. UN-Sanktionen sind Teil umfassender Mechanismen. Dabei sind sie alles, aber kein diabolisches Werkzeug westlicher Eliten. http://www.ipg-journal.de/schwerpunkt-des-monats/sanktionen/artikel/detail/naiv-oder-ignorant-751/. Zugegriffen: 3. Januar 2018.

Carisch, Enrico. 2017. Hin oder her. Warum UN-Sanktionen häufig nicht mehr als Papiertiger bleiben. http://www.ipg-journal.de/regionen/global/artikel/detail/hin-oder-her-2486/. Zugegriffen: 3. Januar 2018.

Carisch, Enrico, Loraine Rickard-Martin und Shawna R. Meister. 2017. *The Evolution of UN Sanctions. From a Tool of Warfare to a Tool of Peace, Security and Human Rights*. New York: Springer Intern. Publ.

Charron, Andrea. 2011. *UN Sanctions and Conflicts. Responding to peace and security threats*. London: Routledge.

Cortright, David und George A. Lopez. 2000. *The Sanctions Decade. Assessing UN Strategies in the 1990s*. Boulder: Lynne Rienner Publ.

Crawford, Neta C. und Audie Klotz. 1999. How Sanctions Work: A Framework for Analysis. In *How Sanctions Work: Lessons from South Africa,* hrsg. von Neta C. Crawford und Audie Klotz, 25–42. Basingstoke: Palgrave-Mcmillan.

Daase, Christopher. 2014. Sinn und Unsinn von Sanktionen – oder: Warum Sanktionen auch dann sinnvoll sind, wenn sie nicht wirksam sind. https://www.sicherheitspolitik-blog.de/2014/05/20/sinn-und-unsinn-von-sanktionen-oder-warum-sanktionen-auch-dann-sinnvoll-sind-wenn-sie-nicht-wirksam-sind/. Zugegriffen: 29. Dezember 2017.

Daase, Christopher. 2016. Über den Zusammenhang von Friedensethik und Friedens- und Konfliktforschung – Warum friedensethische Grundlagenforschung unverzichtbar ist. http://www.fest-heidelberg.de/images/FestPDF/Erffnungsveranstaltung%20-%20Vortrag%20Daase.pdf. Zugegriffen: 28. Dezember 2017.

De Wet, Erika. 2004. *The Chapter VII Powers of the United Nations Security Council*. Oxford: Hart Publishing.

Doxey, Margaret P. 1996. *International Sanctions in Contemporary Perspectives*. 2. Aufl. London: Palgrave Macmillan.

Doxey, Margaret P. 2002. United Nations Economic Sanctions: Minimising Adverse Effects on Nontarget States. In *Smart Sanctions. Targeting Economic Statecraft,* hrsg. von David Cortright und George A. Lopez, 183–200. Lanham: Rowman & Littlefield Publ.

Elliott, Kimberly Ann. 2010. Assessing UN sanctions after Cold War. *International Journal* 65 (1): 85–97.

Eriksson, Mikael. 2016a. *Targeting Peace. Understanding UN and EU Targeted Sanctions*. Abingdon: Routledge.

Eriksson, Mikael. 2016b. The Unintended Consequences of United Nations Targeted Sanctions. In *Targeted Sanctions. The Impacts and Effectiveness of United Nations Actions*, hrsg. von Thomas J. Biersteker, Sue E. Eckert und Marcos Tourinho, 190–220. Cambridge: Cambridge University Press.

Evangelische Kirche in Deutschland (EKD). 2007. *Aus Gottes Frieden leben – für gerechten Frieden sorgen. Eine Denkschrift des Rates der Evangelischen Kirche in Deutschland*. Gütersloh: Gütersloher Verlagshaus.

FAZ-Net. 2017. Nordkorea wertet UN-Sanktionen als „kriegerischen Akt". http://www.faz.net/aktuell/politik/ausland/atomkonflikt-nordkorea-wertet-un-sanktionen-als-kriegerischen-akt-15357243.html#void. Zugegriffen: 31. Mai 2018.

Galtung, Johan. 1967. On the Effects of International Economic Sanctions. With Examples From the Case of Rhodesia. *World Politics* 19 (3): 378–416.

Garfield, Richard. 1999. Suffer the innocents. *The Sciences* 39 (1): 19–23.

Giumelli, Francesco. 2016. The Purpose of targeted sanctions. In *Targeted Sanctions. The Impacts and Effectiveness of United Nations Actions*, hrsg. von Thomas J. Biersteker, Sue E. Eckert und Marcos Tourinho, 38–59. Cambridge: Cambridge University Press.

Goede, Nils. 2009. *Die Intervention der Vereinten Nationen in Somalia. Eine Analyse der Entscheidungsprozesse für die Resolution 794*. Duisburg: Institut für Entwicklung und Frieden.

Gordon, Joy. 1999a. Economic Sanctions, Just War Doctrine, and the "Fearful Spectable of the Civilian Dead". *Cross Currents* 49 (3): 387–400.

Gordon, Joy. 1999b. A Peaceful, Silent, Deadly Remedy: The Ethics of Economic Sanctions. *Ethics and International Affairs* 13 (1): 123–142.

Gordon, Joy. 2011. Smart Sanctions Revisited. *Ethics & International Affairs* 25 (5): 315–335.

Gowlland-Debbas, Vera. 2009/10. Security Council Change. The Pressure of International Public Policy. *International Journal* 65 (1): 119–139.

Hahlbohm, Dörte. 1993. *Peacekeeping im Wandel. Die friedenssichernden Einsätze der Vereinten Nationen nach dem Ende des Ost-West Konfliktes.* Frankfurt a.M.: Peter Lang.

Hufbauer, Gary Clyde, Jeffrey J. Schott, Kimberly Ann Elliott und Barbara Oegg. 2009. *Economic Sanctions Reconsidered.* 3. Aufl. Washington, D.C.: Peterson Institute for International Economics.

Jentleson, Bruce W. 2000. Economic Sanctions and Post-Cold War Conflicts: Challenges for Theory and Policy. In *International Conflict Resolution After the Cold War*, hrsg. von Paul C. Stern und Daniel Druckman, 123–177. Washington, DC: The National Academies Press.

Jeong, Jin Mun. 2018. Do Sanctions Types Affect the Duration of Economic Sanctions? The Case of Foreign Aid. *International Political Science Review.* http://journals.sagepub.com/doi/pdf/10.1177/0192512117753150. Zugegriffen: 31. Mai 2018.

Kulessa, Manfred und Dorothee Starck. 1997. *Frieden durch Sanktionen? Empfehlungen für die deutsche UN-Politik.* Bonn: Stiftung Entwicklung und Frieden.

Lopez, George A. 1999. More Ethical than Not: Sanctions as Surgical Tools: Response to "A Peaceful, Silent, Deadly Remedy". *Ethics and International Affairs* 13 (1): 143–148.

Nanda, Ved P. 2006. The "Good Governance" Concept Revisited. *The ANNALS of the American Academy of Political and Social Science* 603 (1): 269–283.

Rudolf, Peter. 2006. *Sanktionen in der internationalen Politik. Zum Stand der Forschung.* Berlin: Stiftung Wissenschaft und Politik.

Rudolf, Peter. 2014. *Zur Ethik militärischer Gewalt.* Berlin: Stiftung Wissenschaft und Politik.

Rudolf, Peter 2017. *Zur Legitimität militärischer Gewalt.* Bonn: Bundeszentrale für politische Bildung.

Simons, Geoff. 1999. *Imposing Economic Sanctions. Legal Remedy or Genocidal Tool?* London: Pluto Press.

Sutor, Bernhard. 1997. *Kleine politische Ethik.* Bonn: Bundeszentrale für politische Bildung.

Taylor, Brendan. 2010. *Sanctions as Grand Strategy.* Abingdon: Routledge.

United Nations, General Assembly. 1996. *A/Res/50/225*. 1. Mai 1996. New York: United Nations.

United Nations, Secretary-General. 1996. *Report of Secretary-General Pursuant to Security Council Resolution 1070 (1996). S/1996/940*. 17. November 1996. New York: United Nations.

United Nations, Secretary-General. 1998. *Report of the Secretary-General on the Work of the Organization. A/53/1, 27*. August 1998. New York: United Nations.

United Nations, Security Council. 2001. *S/Res/1343*. 7. März 2001. New York: United Nations.

United Nations, Security Council. 2004. *S/Res/1572*. 15. November 2004. New York: United Nations.

United Nations, Security Council. 2009. *S/Res/1904*. 17. Dezember 2009. New York: United Nations.

United Nations. 2015. *Compendium. High Level Review of United Nations Sanctions*. (Based on United Nations Document A/69/941-S/2015/432). New York: Watson Institute for International and Public Affairs & Compliance and Capacity Skills International, LLC.

Wall Street Journal, The Editorial Board. 2017. Options for Removing Kim Jong Un. 4. September 2017. https://www.wsj.com/articles/options-for-removing-kim-jong-un-1504556500?mod=e2fb. Zugegriffen: 8. Januar 2018.

Weiss, Thomas G., David Cortright, George A. Lopez und Larry Minear. (Hrsg.). 1997. *Political Gain and Civilian Pain. Humanitarian Impacts of Economic Sanctions*. Lanham: Rowman & Littlefierld Publ.

Werthes, Sascha. 2003. *Probleme und Perspektiven von Sanktionen als politisches Instrument der Vereinten Nationen*. Münster: LIT Verlag.

Werthes, Sascha. 2013. *Die Sanktionspolitik der Vereinten Nationen. Rekonstruktion und Erklärung des Wandels der UN-Sanktionspraxis*. Baden-Baden: Nomos Verlag.

Weschler, Joanna. 2009/10. The Evolution of Security Council Innovations in Sanctions. *International Journal* 65 (1): 31–43.

Winkler, Adam. 1999. Just Sanctions. *Human Rights Quarterly* 21 (1): 133–155.

Zaidi, Sarah. 2014. How Can the Humanitarian Effects of Sanctions be Mitigated? http://www.ohchr.org/_layouts/15/WopiFrame.aspx?source-doc=/Documents/Events/Seminars/CoercitiveMeasures/SarahZaid.doc&action=default&DefaultItemOpen=1. Zugegriffen: 8. Januar 2018.

Kriterien legitimen rechtserhaltenden Zwangs – eine Synthese

Peter Rudolf

1 Einleitung

Debatten um die Legitimität militärischer Gewalt zählen zu den zentralen, aber auch kontroversesten in der Friedensethik. In der Evangelischen Kirche in Deutschland (EKD) findet diese Problematik ihren Niederschlag in der Diskussion um das Konstrukt der rechtserhaltenden Gewalt und dessen Rolle im Leitbild des gerechten Friedens. Vor diesem Hintergrund widmet sich der Band der Frage, zu welchen Zwecken, unter welchen Bedingungen und in welcher Art sich internationale Einsätze militärischer und politischer Zwangsmittel unter heutigen Bedingungen ethisch rechtfertigen lassen. Dabei nähern sich die vorliegenden Beiträge aus unterschiedlichen Perspektiven dieser Problematik an. Sie knüpfen – und das ist kein Zufall – an die *bellum iustum*-Tradition und die in ihrem Kontext diskutierten Prinzipien und Kriterien an; denn diese liefern die Bausteine für eine Konzeption legitimen rechtserhaltenden Zwangs. Diese kann für die Weiterentwicklung des Leitbilds vom gerechten Frieden fruchtbar gemacht werden. So distanziert sich die Friedensdenkschrift der EKD (2007, Ziff.

© Springer Fachmedien Wiesbaden GmbH, ein Teil von Springer Nature 2019
I.-J. Werkner und P. Rudolf (Hrsg.), *Rechtserhaltende Gewalt – zur Kriteriologie*, Gerechter Frieden, https://doi.org/10.1007/978-3-658-22946-7_8

102) zwar von der Lehre vom *bellum iustum*, bewusst aber nicht von den darin enthaltenen Prüfkriterien.

2   Zum Konzept der Legitimität

Internationale Ordnung beruht, wie Christopher Daase in seinem Beitrag ausführt, zu einem gewissen Grad auf allgemein verbindlichen Normen, „zu deren Erhalt politische, wirtschaftliche oder militärische Macht ausgeübt wird". Dabei handelt es sich um die Androhung oder Auferlegung von Kosten. Dies wirft die Frage auf, woran sich die Legitimität solchen Zwangs bemisst. Legitimität ist nämlich ein umstrittenes Konzept. Gerade mit Blick auf den Einsatz militärischer Gewalt wird vielfach (moralische) Legitimität als Gegenpol zu (völkerrechtlicher) Legalität verstanden (so auch Christopher Daase in diesem Band) – im Sinne eines politisch oder moralisch begründeten Anspruchs auf Ausnahme von rechtlichen Regelungen (vgl. Falk 2005). In einer anderen Sicht wird Legitimität tendenziell mit völkerrechtlicher Legalität gleichgesetzt. Dies ist der Fall in der Friedensdenkschrift der EKD (2007, Ziff. 104), auch wenn „Regelungslücken und Interpretationsspielräume" in der Frage des Einsatzes militärischer Gewalt diagnostiziert werden. Jedoch ist dort nicht wirklich der Versuch unternommen worden, den Begriff der Legitimität inhaltlich zu füllen. Der Blick richtet sich vielmehr auf die Grenzen legitimer rechtserhaltender Gewalt, sei es mit Blick auf die Grenzen des Selbstverteidigungsrechts oder humanitär begründeter Militärinterventionen.

Diesen beiden reduktionistischen Interpretationen von Legitimität steht ein mehrdimensionales Verständnis gegenüber, das rechtliche, moralische und politische Argumente integriert (vgl. Barela 2015; Clark 2017). Versteht man Legitimität in diesem Sinne, dann liegt der Rekurs auf das normative Argumentationsmuster nahe, das in der oft missverstandenen Tradition des *bellum iustum* enthalten ist. Denn es ermöglicht, all diese Dimensionen in einer umfassenden Bewertung zu integrieren und eignet sich daher als Grundlage einer *normativen Theorie legitimen Zwangs*, die legalistischen und moralistischen Verengungen entgeht. Eine moralistische Sicht von Legitimität tendiert dazu, positiv-rechtliche Regelungen in ihrer begrenzenden Funktion und ihrem ethischen Gehalt gering zu schätzen; eine legalistische Sicht tendiert dazu, die notwendige Offenheit des Rechts für eine an moralischen Gesichtspunkten orientierte Interpretation und Fortentwicklung zu ignorieren (vgl. Ladwig 2000).

3 Elemente einer Theorie legitimen rechtserhaltenden Zwangs

Dieses Gerüst normativer Urteilsbildung lässt sich auch auf den Einsatz wirtschaftlicher Zwangsmittel anwenden, also insbesondere (negativer) wirtschaftlicher Sanktionen (siehe den Beitrag von Sascha Werthes in diesem Band). Diese sind neben militärischer Gewalt jenes Instrument, zu dem der UN-Sicherheitsrat seit fast drei Jahrzehnten vielfach gegriffen hat.[1] Dabei gilt: Nicht nur umfassende Wirtschaftssanktionen, auch „gezielte" Sanktionen können moralisch problematische Wirkungen haben (vgl. Early und Schulzke 2018). Und nicht nur die Verletzung der moralischen Pflicht, Menschen nicht zu töten, bedarf guter Gründe, auch die Pflicht, ihnen nicht zu schaden.[2] Zu berücksichtigen ist

---

1 Zur Anwendung der aus der *just war*-Tradition stammenden Kriterien auf Wirtschaftssanktionen vgl. Christiansen und Powers (1995), Pierce (1996) und Rudolf (1997).

2 Dass solche Handlungen, nämlich die Tötung eines Menschen und die Zufügung von Schaden, prima facie moralisch in sich falsch sind

jedoch, dass Wirtschaftssanktionen potenziell eine Alternative zum Einsatz militärischer Gewalt als *ultima ratio* eröffnen und ihr umfassender Einsatz gleichsam das „vorletzte" Mittel darstellt. Insofern verdienen dieses Zwangsinstrument und seine Probleme stärkere Beachtung gerade auch bei Vertreterinnen und Vertretern eines (bedingten) Pazifismus, die militärische Gewalt als *ultima ratio* ablehnen – eine Position, wie sie die Evangelische Kirche in Baden in Absetzung von der EKD-Friedensdenkschrift vertritt (siehe dazu den Beitrag von Vincenzo Petracca in diesem Band).

Sowohl beim Einsatz militärischer Gewalt als auch beim Einsatz moralisch potenziell problematischer Sanktionen sind drei grundsätzliche Fragen zu stellen, die in systematischer Form die aus der *bellum iustum*-Tradition stammenden Prüfkriterien aufnehmen (vgl. den Beitrag von Ines-Jacqueline Werkner in diesem Band): die Frage nach den Zwecken, die einen Einsatz militärischer oder wirtschaftlicher Zwangsmittel legitimieren können (Wozu?), zweitens nach den Bedingungen, unter denen ein solcher Einsatz zu rechtfertigen ist (Wann?), und drittens nach den Kriterien für die Art des Einsatzes (Wie?).[3] Eine solche Systematisierung hilft, dem verbreiteten Missverständnis entgegenzuwirken, es handele sich um eine Art abzuhakender Kriterienliste, anhand derer ein Gewalteinsatz sich abschließend moralisch als gerechtfertigt oder ungerechtfertigt einstufen lasse. Auch in der EKD-Friedensdenkschrift werden – dieser Eindruck drängt sich zumindest auf – die Prüfkriterien in diesem Sinne verstanden. So heißt es: „Nach herkömmlicher Auffassung der Ethik müssen für den Gebrauch von legitimer Gegengewalt *alle* diese Kriterien erfüllt sein" (EKD

(wie immer dies auch religiös oder philosophisch begründet wird), ist der Ausgangspunkt heutiger *just war*-Theorien (vgl. Childress 1978).

3   Zu den Kriterien im Rahmen der (rekonstruierten) Tradition des gerechten Krieges vgl. Hehir (1993). Die folgenden Überlegungen stützen sich auf Rudolf (2017).

2007, Ziff. 103). Stattdessen geht es darum, einen Einsatz militärischer und analog auch wirtschaftlicher Zwangsmittel im Hinblick
auf die Zwecke, die Voraussetzungen und die Umsetzung einer
dauernden Gesamtbewertung zu unterziehen – und zwar vorab,
begleitend und rückblickend (siehe den Beitrag von Peter Rudolf
in diesem Band).

3.1 Legitime Zwecke (Wozu?)

Wenn Zwangsmittel angewandt werden, dann kann dies mit Blick
auf die Zwecke zum einen zur Durchsetzung nationaler Eigeninteressen geschehen, zum anderen zur Durchsetzung und Stärkung
international anerkannter Normen. Letztere können sich sowohl
auf zwischenstaatliches (Aggression) als auch auf innerstaatliches
Verhalten (systematische Verletzung der Menschenrechte, Genozid)
beziehen. Solche völkerrechtlichen Normen dienen der Bewahrung
einer internationalen Friedensordnung. Dass die individuelle und
kollektive Verteidigung einen legitimen Grund zum Einsatz wirtschaftlicher und militärischer Zwangsmittel darstellt, ist sowohl
in der völkerrechtlichen als auch der rechtsethischen Diskussion
unstrittig. Strittig bleibt jedoch, ob Formen „antizipatorischer"
Selbstverteidigung erlaubt sind, sei es präemptiv gegen eine un-
mittelbare Bedrohung oder – weit kontroverser – präventiv gegen
eine spätere hypothetische Bedrohung. Kontrovers bleibt auch die
Frage, ob schwerste Menschenrechtsverletzungen einen Recht-
fertigungs-, ja unter Umständen einen Verpflichtungsgrund für
eine ohne Autorisierung des UN-Sicherheitsrates durchgeführte
militärische Intervention darstellen.

Nun kann und muss die Diskussion, welches die Erlaubnis- oder
Rechtfertigungsgründe sein können, nicht näher aufgefächert
werden. Entscheidendes Kriterium ist im Sinne einer integrativen

Konzeption legitimen Zwangs, ob es um die Verhinderung oder
Unterbindung von Handlungen geht, die eine so gravierende
Verletzung zwingenden Rechts darstellen, dass es gerechtfertigt
sein könnte, ihre Urheber zu töten oder ihnen Schaden zuzufügen.

3.2   Bedingungen eines legitimes Einsatzes
(Wann?)

Das Vorliegen eines gerechtfertigten Grundes lässt sich ohne
Wahrscheinlichkeitsabwägungen diskutieren. Anders ist dies bei
einigen der weiteren Bedingungen. Ob das durch den Einsatz von
Zwangsmitteln erreichbare „Gute" in einem akzeptablen Verhältnis
zu dem Schaden steht und zu einem Zugewinn an Gerechtigkeit
führt und in diesem Sinne verhältnismäßig ist (Makro-Propor-
tionalität), ob nichtgewaltsame Mittel eine Erfolgschance gehabt
hätten, ob ein Gewalteinsatz langfristig erfolgreich ist – das sind
zweifellos Einschätzungen, die spekulativ und unsicher bleiben,
auf die aber nicht verzichtet werden kann. Nicht minder unsicher
sind solche Einschätzungen auch, wenn der Einsatz wirtschaftlicher
Zwangsmittel bewertet werden soll.

Aller Erfahrung nach werden die Kosten vor Beginn eines
Gewalteinsatzes eher unterschätzt als überschätzt, die Erfolgsaussichten dagegen eher überschätzt als unterschätzt. Das bedeutet mit
Blick auf eine Verhältnismäßigkeitseinschätzung, dass der erhoffte
Nutzen eines Gewalteinsatzes die erwarteten Kosten in erheblichem
Maße übersteigen sollte (so Fisher 2011, S. 74). Doch auch dann bleibt
es eine Ermessensfrage, wie unterschiedliche Werte miteinander
verglichen und gegeneinander aufgerechnet werden sollen, etwa
die Opfer eines Krieges gegen die Bewahrung der Souveränität
oder die mögliche Abschreckung künftiger Aggressionen, oder im
Falle des Einsatzes umfassender Wirtschaftssanktionen unterer-

nährte und hungernde Kinder gegen die Verhinderung künftiger Aggressionen und Menschenrechtsverletzungen. Wie etwa soll eine solche Bewertung ausfallen, wenn der Zweck von Sanktionen „in der Bekräftigung einer allgemeinen Norm" besteht, worin Christopher Daase eine wichtige Funktion von Sanktionen sieht?

Das Kriterium der Proportionalität schließt das Kriterium der Aussicht auf Erfolg logischerweise mit ein, denn ein Einsatz militärischer Gewalt oder humanitär problematische Sanktionen ohne Erfolgsaussicht können niemals verhältnismäßig sein. Was bedeutet eine *vernünftige Aussicht* auf Erfolg? Es müssen gute Gründe dafür angeführt werden, dass in einem konkreten Fall der Einsatz militärischer Gewalt oder der Einsatz humanitär potenziell problematischer Sanktionen die damit verbundenen Ziele erreichen kann – im Bewusstsein dessen, dass die Erfahrung eine beträchtliche Skepsis gegenüber dem politischen Nutzen militärischer Gewalt und den Erfolgsaussichten wirtschaftlicher Sanktionen nahelegt.

Die Bedingung, militärische Gewalt nur als das äußerste Mittel, als *ultima ratio*, einzusetzen, ist nicht in chronologischem Sinne zu verstehen. Stattdessen muss Gewalt insofern die letzte Zuflucht sein, als andere, gewaltfreie (Diplomatie, Vermittlungsversuche) oder gewaltärmere Mittel (Wirtschaftssanktionen) entweder erfolglos waren und/oder im Lichte empirischer Erfahrungen und theoretischer Überlegungen keine vernünftige Erfolgsaussicht verheißen. Es muss also plausibel dargelegt werden können, dass es keine erfolgversprechende schadensärmere Alternative zum Einsatz militärischer Gewalt gibt (vgl. Lango 2014, S. 134ff.). Dass unter Umständen der Einsatz militärischer Gewalt von vornherein die wirkungsvollste und schadensärmste Option sein könnte, ist in dem skizzierten Verständnis von *ultima ratio* nicht völlig ausgeschlossen. Nur lässt sich im Allgemeinen nicht mit solcher Gewissheit prognostizieren, was die Kosten und Folgen unterschiedlicher Optionen sein werden. Deshalb ist es angemessen, von der Annahme auszugehen, dass der Einsatz militärischer Gewalt aufgrund der Schäden und Opfer, die er mit sich bringt, die schlechteste Option ist, und vergleichsweise bessere nicht-gewaltsame Optionen zuerst versucht werden sollten (vgl. Pattison 2015).

Im Unterschied zu den gerade genannten Bedingungen können die Kriterien rechte Absicht und legitime Autorität ohne epistemisch problematische Wahrscheinlichkeitserwägungen angewandt werden. Das Kriterium der *rechten Absicht* verlangt, dass mit dem Einsatz von Zwangsmitteln nur legitime Zwecke verfolgt werden – und das nur mit einem Mindestmaß an Gewalt und Schadenszufügung (vgl. Lee 2012, S. 83ff.). Die rechte Absicht lässt sich an den Handlungen und letztlich daran ablesen, ob ein gerechter Frieden als Ziel des Handelns zu erkennen ist. Wenn heute die Frage der legitimen Autorität diskutiert wird, geschieht dies vor allem unter dem folgenden Aspekt: Müssen militärische Zwangsmaßnahmen, die nicht der Verteidigung dienen, vom UN-Sicherheitsrat als „legitime Autorität" genehmigt werden? Sollten sie, wenn dies nicht möglich ist, zumindest in subsidiärer Form von der UN-Generalversammlung oder von regionalen Organisationen mandatiert sein? Überlegungen zu einer multilateralen Autorisierung rekurrieren auf die Logik verfahrensmäßiger Beschränkungen in Verfassungsstaaten. Dem liegt die Erwartung zugrunde, durch Verfahren lasse sich der Missbrauch von Macht begrenzen und eine Entscheidung für Zwangsmaßnahmen lasse sich durch den Zwang zur Legitimation im Hinblick auf ihre Ziele „testen" (vgl. Hehir 1995, S. 9f.). So verstanden stehen die Kriterien „rechte Absicht" und „rechte Autorität" in einer logischen Verbindung. Multilaterale Entscheidungen bieten einen gewissen Schutz gegen den allein an partikularen nationalen Interessen orientierten Einsatz militärischer und auch wirtschaftlicher Zwangsmittel (vgl. Christiansen und Powers 1995, S. 113).

3.3   Prinzipien für die Art des Einsatzes (Wie?)

Die *dritte* Frage, die bei einer normativen Bewertung zu stellen ist, erstreckt sich auf das Wie eines Einsatzes von Zwangsmitteln. Was militärische Gewalt angeht, so findet sich vieles, was innerhalb der *bellum iustum*-Tradition in Bezug auf das *ius in bello* diskutiert wird, kodifiziert im humanitären Völkerrecht. Das humanitäre Völkerrecht setzt zwar Schranken für die Gewaltanwendung, nämlich durch das Unterscheidungs- und das Verhältnismäßigkeitsgebot. Die militärische Notwendigkeit genießt jedoch eine privilegierte Stellung. Sie erlaubt rechtlich ein hohes Maß an Gewalt und die Inkaufnahme beträchtlicher Opfer unter Nichtkombattanten.

Das Unterscheidungsgebot beruht auf der Identifizierung scheinbar fester sozialer Gruppen: Soldaten und Zivilisten, Kombattanten und Nichtkombattanten. Insbesondere die Verwischung der Grenzen von Kombattanten und Nichtkombattanten (Zivilisten) bei nichtstaatlichen Gewaltakteuren stellt eine Herausforderung für die statusbasierte Unterscheidung dar – und damit für das traditionelle Verständnis des völkerrechtlichen Unterscheidungsgebots. Dieses ist in gewissem Sinne aus ethischer Perspektive willkürlich, denn in einem bewaffneten Konflikt darf jede und jeder Uniform tragende Wehrpflichtige angegriffen werden, die zivilen Mitarbeiterinnen und Mitarbeiter eines Verteidigungsministeriums dagegen nicht. Die völkerrechtlichen Konventionen, aber auch das herkömmliche Verständnis der *bellum iustum*-Tradition gründen zudem auf der Trennung von *ius ad bellum* und *ius in bello* und der Annahme einer moralischen Symmetrie der Kombattanten.

Diese sieht sich in der gegenwärtigen kriegsethischen Diskussion einer grundsätzlichen Herausforderung gegenüber. Die revisionistische *just war*-Theorie, wie sie Bernhard Koch in seinem Beitrag rekonstruiert und argumentativ untermauert, folgt einem individualistischen Ansatz, der auf die moralische Verantwort-

lichkeit jedes einzelnen Individuums abstellt, das direkt oder
indirekt an Gewaltkonflikten beteiligt ist. Wenn Gewalt nur auf
das zur Verteidigung notwendige Maße gegen Personen angewandt werden darf, die sich an einer „ungerechten" Bedrohung
beteiligen und „haftbar" sind, dann – so die auch von Bernhard
Koch geteilte Erwartung, die die Vertreterinnen und Vertreter der
revisionistischen Sicht hegen – reduziere sich der Spielraum für
erlaubte Gewalt und die „Legitimitätsanforderungen an Gewalt-
handlungen" verschärfen sich.

Bei der Bewertung des Einsatzes von Sanktionen spricht alles für
eine individualistische Sicht in Analogie zu der gerade skizzierten
revisionistischen Theorie. Intuitiv plausibel ist die Richtschnur,
dass Sanktionen so differenziert eingesetzt werden sollten, dass sie
möglichst die Schuldigen treffen und die negativen Auswirkungen
auf nichtverantwortliche Gruppen möglichst gering sind (vgl.
Damrosch 1994). In der Praxis wirft diese Differenzierung jedoch
beträchtliche Probleme auf. Der präzise „chirurgische" Einsatz von
Wirtschaftssanktionen ist auf Dauer wohl kaum möglich. Zwar
haben die Vereinten Nationen in den letzten beiden Jahrzehnten
keine umfassenden Sanktionen in Form eines Wirtschaftsembargos
erlassen und die Sanktionspraxis hat sich, wie Sascha Werthes in
seinem Beitrag analysiert, in eine Richtung entwickelt, die den
aus der *bellum iustum*-Tradition entlehnten Kriterien entspricht.
Doch hat sich damit nicht das ethische Problem erledigt, das zur
Hinwendung zu *targeted sanctions* geführt hat.

4   Kriterien als Voraussetzung einer rationalen öffentlichen Diskussion

Die hier aufbauend auf die Beiträge in dem vorliegenden Band
vorgestellten Überlegungen zu einer normativen Theorie legiti-

men Zwangs wurzeln in der kritisch rekonstruierten Tradition des *bellum iustum*. Die Bedingungen und Kriterien der Tradition bieten in Gesamtheit und Komplexität ein deontologische und konsequentialistische Elemente verbindendes Bezugssystem für den öffentlichen Diskurs, das den Verengungen einer oft moralistisch und legalistisch geführten Debatte entgegenwirken und das in analoger Weise auch auf den Einsatz wirtschaftlicher Zwangsmittel angewandt werden kann. Die Theorie setzt einen Rahmen dafür, wozu, wann und wie der Einsatz militärischer und moralisch potenziell ebenfalls problematischer wirtschaftlicher Zwangsmittel eher gerechtfertigt als ungerechtfertigt sein kann. Eine solche Rechtfertigung bedeutet nicht, dass die Verantwortlichen frei vom „Risiko des Schuldigwerdens" wären. Darauf hat die EKD-Friedensdenkschrift, die sich insgesamt schwer tut mit der Möglichkeit „gerechtfertigter" Gewalt, in der Diskussion der aus der Tradition des gerechten Krieges entlehnten Prüfkriterien hingewiesen (EKD, 2007, Ziff. 103). Doch auch das „Nicht-Handeln birgt Schuld", wie Wolfgang Schulenberg in seinem Beitrag argumentiert, in dem er sich kritisch mit der pazifistischen Position der Evangelischen Kirche in Baden auseinandersetzt. Solange man nicht einem absoluten Pazifismus verpflichtet ist – und auch das badische Friedenspapier fordert, wie Vincenzo Petracca schreibt, kurzfristig keine „völlige Gewaltfreiheit" –, kann man der Diskussion nicht ausweichen und ist auf normative Kriterien verwiesen. Diese dienen nicht nur der individuellen Urteilsbildung; sie ermöglichen auch eine strukturierte und rationale öffentliche Debatte und den Austausch normativer Argumente als Grundlage verantwortungsvoller politischer Entscheidungen.

Literatur

Barela, Steven J. 2015. Introduction: Legitimacy as a Target. In *Legitimacy and Drones: Investigating the Legality, Morality and Efficacy of UCAVs*, hrsg. von Steven J. Barela, 1–22. Farnham: Ashgate.

Childress, James F. 1978. Just War-Theories: The Bases, Interrelations, Priorities, and Functions of Their Criteria. *Theological Studies* 39 (3): 427–445.

Clark, Ian. 2017. Taking "Justness" Seriously in Just War: Who are the "Miserable Comforters" Now? *International Affairs* 93 (2): 327–341.

Christiansen, Drew und Gerard F. Powers. 1995. Economic Sanctions and the Just War-Doctrine. In *Economic Sanctions: Panacea or Peacebuilding in a Post-Cold War World?*, hrsg. von David Cortright und George A. Lopez, 97–117. Boulder: Westview Press.

Damrosch, Lori Fisler. 1994. The Collective Enforcement of International Norms through Economic Sanctions. *Ethics and International Affairs* (8): 59–75.

Early, Brian R. und Marcus Schulzke. 2018. Still Unjust, Just in Different Ways: How Targeted Sanctions Fall Short of Just War Theory's Principles. *International Studies Review*. https://academic.oup.com/isr/advance-article/doi/10.1093/isr/viy012/4973666. Zugegriffen: 28. Mai 2018.

Evangelische Kirche in Deutschland (EKD). 2007. *Aus Gottes Frieden leben – für gerechten Frieden sorgen. Eine Denkschrift des Rates der Evangelischen Kirche in Deutschland*. Gütersloh: Gütersloher Verlagshaus.

Falk, Richard. 2005. Legality and Legitimacy: The Quest for Principled Flexibility and Restraint. *Review of International Studies* 31: 33–50.

Fisher, David. 2011. *Morality and War. Can War Be Just in the Twenty-First Century?* Oxford: Oxford University Press.

Hehir, J. Bryan. 1993. The Just-War Ethic Revisited, In *Ideas and Ideals: Essays on Politics in Honor of Stanley Hoffmann*, hrsg. von Linda B. Miller und Michael Joseph Smith, 144–161. Boulder: Westview Press.

Hehir, J. Bryan. 1995. Intervention: From Theories to Cases. *Ethics and International Affairs* 9 (1): 1–13.

Ladwig, Bernd. 2000. Militärische Interventionen zwischen Moralismus und Legalismus. *Deutsche Zeitschrift für Philosophie* 48 (1): 133–147.

Lango, John W. 2014. *The Ethics of Armed Conflict: A Cosmopolitan Just War Theory*. Edinburgh: Edinburgh University Press.

Lee, Steven P. 2012. *Ethics and War. An Introduction.* Cambridge: Cambridge University Press.

Pattison, James. 2015. The Ethics of Diplomatic Criticism: The Responsibility to Protect, Just War Theory and Presumptive Last Resort. *European Journal of International Relations* 21 (4): 935–957.

Pierce, Albert C. 1996. Just War Principles and Economic Sanctions. *Ethics and International Affairs* (10): 9–113.

Rudolf, Peter. 1997. Macht ohne Moral? Zur ethischen Problematik internationaler Wirtschaftssanktionen. *Die Friedens-Warte* 72 (4): 313–326.

Rudolf, Peter. 2017. *Zur Legitimität militärischer Gewalt.* Bonn: Bundeszentrale für politische Bildung.

Autorinnen und Autoren

Christopher Daase, Dr. phil., Professur für Internationale Organisationen an der Goethe-Universität Frankfurt a. M. im Rahmen des Exzellenzclusters „Die Herausbildung normativer Ordnungen" sowie stellvertretendes geschäftsführendes Vorstandsmitglied und Leiter der Programmbereiche „Internationale Sicherheit" und „Transnationale Akteure" an der Hessischen Stiftung Friedens- und Konfliktforschung in Frankfurt a. M.

Bernhard Koch, Dr. phil., Stellvertretender Direktor des Instituts für Theologie und Frieden in Hamburg und Lehrbeauftragter für Philosophie an der Universität Hamburg

Vincenzo Petracca, Dr. theol., Pfarrer der Heidelberger Altstadtgemeinde Heiliggeist-Providenz, mit Schwerpunkt Geschäftsführer der Citykirche Heiliggeist, sowie Vorstandsmitglied von gewaltfrei handeln e. V. und der Aktionsgemeinschaft Dienst für den Frieden

Peter Rudolf, Dr. phil., Politikwissenschaftler an der Stiftung Wissenschaft und Politik in Berlin

© Springer Fachmedien Wiesbaden GmbH, ein Teil von Springer Nature 2019
I.-J. Werkner und P. Rudolf (Hrsg.), *Rechtserhaltende Gewalt – zur Kriteriologie*, Gerechter Frieden, https://doi.org/10.1007/978-3-658-22946-7

Wolfgang Schulenberg, Dr. phil., Generalstabsoffizier im Kommando Luftwaffe Berlin und Arbeitsbereichsleiter Konzeption/Steuerung im Presse- und Informationszentrum der Luftwaffe

Ines-Jacqueline Werkner, Dr. rer. pol. habil., Friedens- und Konfliktforscherin an der Forschungsstätte der Evangelischen Studiengemeinschaft e. V. in Heidelberg und Privatdozentin am Institut für Politikwissenschaft an der Goethe-Universität Frankfurt a. M.

Sascha Werthes, Dr. phil., Akademischer Rat im Fach Politikwissenschaft im Bereich Internationale Beziehungen und Außenpolitik an der Universität Trier sowie Senior Associate Fellow an der Friedensakademie Rheinland-Pfalz

Printed in the United States
By Bookmasters